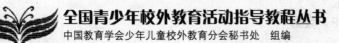

全国青少年校外教育活动指导教程丛书

中国教育学会少年儿童校外教育分会秘书处　组编

◎青少年国学教育◎

畅游中国

（下）

陈祁薇茜　许　丹　赵　婧/编著

云南大学出版社

图书在版编目（CIP）数据

畅游中国. 下 / 陈祁薇茜，许丹，赵婧编著. --昆明 ： 云南大学出版社，2011

（全国青少年校外教育活动指导教程丛书 / 高彦明主编. 青少年国学教育）

ISBN 978-7-5482-0390-2

Ⅰ. ①畅… Ⅱ. ①陈… ②许… ③赵… Ⅲ. ①风俗习惯－介绍－中国－青年读物②风俗习惯－介绍－中国－少年读物 Ⅳ. ①K892-49

中国版本图书馆CIP数据核字(2011)第047947号

全国青少年校外教育活动指导教程丛书·青少年国学教育

畅游中国（下）

丛书顾问：	高　洪
丛书主编：	高彦明
编　　著：	陈祁薇茜　许　丹　赵　婧
责任编辑：	于　学　毛　雪
封面设计：	马小宁
出版发行：	云南大学出版社
印　　装：	云南南方印业有限责任公司
开　　本：	787mm×1092mm　1/16
印　　张：	6.875
字　　数：	85千
版　　次：	2012年12月第1版
印　　次：	2012年12月第1次印刷
书　　号：	ISBN 978-7-5482-0390-2
定　　价：	19.80元
地　　址：	云南省昆明市翠湖北路2号云南大学英华园内
邮　　编：	650091
电　　话：	0871-5031071　5033244
网　　址：	http://www.ynup.com
E - mail：	market@ynup.com

陈祁薇茜 四川省成都市青羊区青少年宫副主任。教育系统工作近10年，主要负责宫内国学教育中心和公益活动开展。曾荣获青羊区优秀共产党员、青羊区创新创业带头人等称号。主持编撰了《硬笔书魂》系列丛书、《普通话教程》等。

作为一名校外教育战线上的教师，她热爱祖国传统文化，积极组织、参与国学教育的资料编撰、课程开发和教学实践。致力于通过国学教育实现青少年的知识教育与心理健康教育的协同发展，力争找到在当前的社会背景下，将取其精华的国学教育真实又自然地融入到青少年的日常教育中的有效路径。

许 丹 四川省成都市青羊区青少年宫语言文学指导教师。从事青少年汉语言文学教学十余年，着力于中华传统文化的传承与传播，创作了大量国学表演剧、国学阅读材料并指导学生学习、演出。曾荣获全国、省、市、区各级嘉奖；创编节目《感恩的心》获华夏杯少年儿童艺术大赛一等奖。编导创作的国学短剧《巾帼英雄花木兰》获"青羊区中小学国学经典诵读大赛"一等奖，并参加成都市电视台"六一儿童晚会"录播、成都市国学经典诵读节目展演、全国廉政文化进校园大型晚会演出，获得各界一致好评。

赵 婧 四川省成都市青羊区青少年宫语言文学指导教师，四川省少先队工作培训授课教师。曾荣获"成都市第八届十佳辅导员"、"青羊区杰出贡献辅导员"、"青羊区首届青年教师综合素质大赛一等奖"等称号，参与编撰了《硬笔书魂》系列丛书、《普通话教程》等。

丛书前言

面向广大青少年开展多种形式的校外教育是我国教育事业的重要组成部分，是与学校教育相互联系、相互补充、促进少年儿童全面发展的实践课堂，是服务、凝聚、教育广大少年儿童的活动平台，是加强未成年人思想道德建设、推进素质教育、建设社会主义精神文明的重要阵地，在教育和引导少年儿童树立理想信念、锤炼道德品质、养成良好行为习惯、提高科学素质、发展兴趣爱好、增强创新精神和实践能力等方面具有重要作用。因此，适应新形势新任务的要求，切实加强和改进校外教育工作，提高校外教育水平，是一项关系到造福亿万少年儿童、教育培养下一代的重要任务，是社会赋予校外教育工作者的历史责任。我们要从落实科学发展观，构建社会主义和谐社会，促进广大少年儿童健康成长和全面发展，确保党和国家事业后继有人、兴旺发达的高度，充分认识这项工作的重要性；要从学科建设的高度进一步明确校外教育目的，规范教育内容，科学管理手段，使校外教育活动更加生动，更加实际，更加贴近少年儿童。

为了深入贯彻落实《中共中央国务院关于进一步加强和改进未成年人思想道德建设的若干意见》（中发〔2004〕8号）和中共中央办公厅国务院办公厅《关于进一步加强和改进未成年人校外活动场所建设和管理工作的意见》（中办发〔2006〕4号）精神，深化少年儿童校外教育活动课程研究，总结我国校外教育宝贵经验，交流展示校外教育科研成果，为广大校外教育机构和学校课外教育活动提供一套具有现代教育理念、目标明确、体系完整、有实用教辅功能的工作参考资料，促进我国校外教育进一步科学化和规范化，中国教育学会少年儿童校外教育分会秘书处根据近年来我国校外教育发展状况和实际需求，以开展少年儿童校外课外活动名师指导系列丛书研究工作为基础，编辑出版了"全国青少年校外教育活动指导教程丛书"。

丛书在指导思想、具体内容和体例上，都坚持一个基本原则，就是按照实施素质教育的总体要求，立足我国校外教育实际，以满足校外教育需求为目的，坚持学校教育与校外教育相结合，坚持继承与创新相结合，坚持理论与实践相结合。要从少年儿童的情感、态度、价值观，以及观察事物、了解事物、分析事物的能力等方面入手，研究少年儿童校外教育活动课程设置，运用最先进的教育理念和最具代表性的经验进行研究、实践和创新。

我们对丛书的内容进行了认真规划。丛书以少年宫、青少年宫、青少年活动中心等校外教育机构教师、社区少年儿童教育工作者、学校课外教育活动指导教师，以及3～16周岁少年儿童为主要读者对象。丛书是全国校外教育名师实践经验的结晶，是少年儿童校外教育活动课程建设的科研成果。从论证校外教育活动课程设置的科学性入手，具体介绍行之有效的教学方法，并给教师留有一定的指导空间，以发挥他们的主观能动性，有利于提高教学效果。丛书采用讲练结合的方式，注重少年儿童学习兴趣的培养和内在潜能的开发，表现方式上注意突出重点，注重童趣，图文并茂，既有文化内涵，又有可读性，让少年儿童在快乐中学习。丛书的基本架构主要包括：教育理念、教育内容、教材教法、活动案例、专家点评等内容，强调体现以下特点：表现（教学内容、教学案例、教学步骤和教学演示）、知识（相关的文化知识）、鉴赏（经典作品赏析、获奖作品展示和点评）、探索（创新能力训练、基本技能技巧练习）。在各种专业知识、技能、技巧培训的教学过程中，注意培养少年儿童的以下素质：对所学领域和接触的事物应采取正确的态度，在学习过程中掌握一定程度的知识和技能，在学习过程中掌握科学的方法，提高自身能力，在学习过程中养成良好的行为习惯。丛书力争在五方面有所突破：一是课程观念。由单一的课程功能向多元的课程功能转化，使课程更具综合性、开放性、均衡性和适应性。二是课程内容。精选少年儿童终身学习必备的基础知识和技能技巧，关注课程内容与少年儿童生活经验、与现代科技发展的联系，引导他们关注、表达和反映现实生活。三是强调人文精神。在教学过程中，不仅注重技能技巧，还要强调价值取向，即理想、愿望、情感、意志、道德、尊严、个性、教养、生存状态、智慧、自由等。四是完善学习方法。将单一的、灌输式的、被动的学习方法转化为自主探索、合作交流、操作实践等多元化的学习方式。五是课程资源。广泛开发和利用有助于实现课程目标的课内、课外、城市、农村的各种因素。所以，丛书不是校外教育的统一教材，而是当代中国校外教育经验展示和交流的载体，是开展培训工作的辅导资料，是可与区域教材同时并用、相辅相成、相得益彰的学习用书。

为了顺利完成丛书的编辑出版任务，分会秘书处和各分册编辑成员做了大量的工作。我们以不同方式在全国校外教育机构和中小学校以及社会单位中进行调查研究工作，开展了"少年儿童校外教育活动课程研究"专题研讨、"全国校外教育名师评选"、"全国校外教育优秀论文和活动案例评选"等一系列专题活动，为丛书打下了坚实的群众基础；我们有计划地组织全国有较大影响的校外教育机构和学校，按照统一标准推荐在校外教育活动课程研究方面有一定建树的研究人员、一线教师参与设计和编著，增强了丛书的针对性；我们面向国内一流大学和重要科研单位，特邀知名教育专家对各个工作环节进行指导和把关，强化了丛书的权威性。该书的编辑出版得到了教育部基础教育一司、共青团中央少年部、全国妇联儿童工作部有关负责同志的肯定，得到了分会主管部门和中国教育学会、全国青少年校外教育工作联席会议办公室等有关单位的重视和支持，同时得到了各省（直辖市、自治区）校外教育机构的大力配合。

本书是四川省成都市青羊区青少年宫的老师们在多年教学经验的基础上创编而成的，体现了本丛书创新性、实践性、指导性的特点。在此，中国教育学会少年儿童校外教育分会秘书处一并对成都市青羊区青少年宫和参与本书编辑工作的陈祁薇茜主任、许丹、赵婧老师表示感谢，感谢他们对分会工作的支持以及对全国校外教育理论研究与实践方面所作的贡献。我们相信，它将伴随着我国校外教育进程和发展，在服务少年儿童健康成长的过程中发挥应有的作用。

中国教育学会少年儿童
校外教育分会秘书处
2011年3月

本书导言

中华文化源远流长，几千年积淀下来的文化瑰宝堪称世界文化宝库中的奇葩。近年来，国学教育越来越受到教育部门和社会各界的重视，青少年国学经典诵读等活动轰轰烈烈地开展，一大批国学经典书籍在书店上架，各地的校外教育活动开展得如火如荼，在这其中还产生了一些国学教育品牌教育机构。

"只有民族的才是世界的。"对国学教育的日益重视，显现出我们这个民族正在用一种理性智慧的目光思考和寻找自身真正屹立于世界民族之林的立身根本和力量源泉。

国学经典经过千百年的传承，其本身就蕴涵着无数先哲的智慧积淀。青少年学习的过程，不仅是在文学上吸收知识的精华，更重要的是，在思维方式、认识角度和心理态度这些对他们的健康成长更为关键的方面得到引导和启发。众多大家大师都以自身的成长经历告诉我们：幼年和青少年时期的国学教育基础，为他们取得毕生的成就起到了多么重要的作用！参天大树长成与否，取决于根苗是否健壮，国学教育无异于在为青少年浇灌这"定根之水"。

目前市面上常见的国学书籍，大多是不同版本和装帧的经典集，有所区别的只是注释详略、插图多寡、现代文翻译有无等，缺乏对青少年阅读兴趣的吸引，如果没有老师的教授，很难达到自学的"境界"。而对于经验不是很丰富的年轻教师，要在浩如烟海的经典中选择适合的内容安排好课程，也显得很有难度。因此，本书作者开创了一种以科幻故事统领全书的新颖格局，并为故事原创了30余幅卡通画作，用传统的节日、节气为纵向线索，内容通过人物行动和情节纽带横向发散。学习的过程就是一个阅读故事的过程，更是一个全面了解中华民族传统文化、习俗情趣的过程。教师在使用过程中，还可根据教学的需要，拓展故事情节和选材，让教学充满张力和活力。

本次中国教育学会少年儿童校外教育分会将本教材收录进《全国少年儿童校外教育活动指导教程丛书》中，一方面是对此种编写方式的价值认同，同时也丰富了国学教育教材的种类，相信它将对中华传统文化的教育教学推广起到一定的推动作用。

祖国的明天在青少年手中，衷心地祝愿，国学教育在我们这一代教育工作者的手中能够得到更好的推动和发扬光大，为中华民族的幸福明天培养更多的优秀建设者和接班人！

编者

2011年3月

目录
CONTENTS

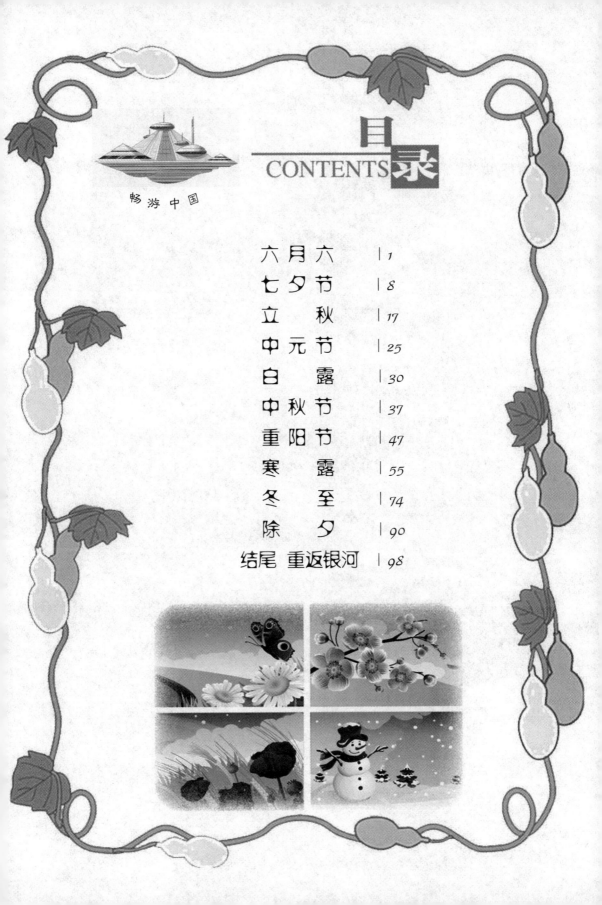

畅游中国

时间进入了二伏，北京的气温一天比一天高起来，有两天最热的时候甚至接近40℃，这个温度已超过了人和动物的体温。大街小巷里的小猫小狗都和人们一样，懒洋洋地偷着凉。吃过午饭，龙儿带着酷卡来到什刹海一片荷塘的树荫下。

酷卡揪着汗湿的衣服说道："龙儿，自从我会出汗以后，这身体里出来的水就没断过。"

龙儿哈哈大笑说："这个你就要'感谢'莲朵了，谁叫它让你学会了出汗呢。热在三伏，现在是一年中最热的时候，是不是男子汉就看你的了。"

酷卡装出一副老夫子的样子说道："龙儿先生，此话怎讲啊？"

龙儿大眼睛一转，说道："常言道，'冬练三九，夏练三伏'，最冷最热的时候，正是人磨炼自身，自我超越的时候呢。我们东方人讲究人要顺应天时，比如现在吧，正是三伏天，天气炎热，而且日照特别多，就要充分利用这个条件，多做洗浴呀、晾晒呀这些事。湖南资兴有一句老话叫'六月六，打个泡子长块肉'，意思就是这一天洗晒，让人好处多多。老北京还有很多民俗，什么洗浴、晒物、洗象、晒经、赏荷、看谷秀，好多呢。农历六月初六，民间称为'洗晒节'。民间的轿铺、皮货铺、旧书铺、字画店、药店以及林林总总的各类商店，都要晾晒各种商品。这一天从皇宫到民间，从城镇到农家小院都有很多洗浴和晒物的习俗。所以民谚说啊：'六月六，人晒衣裳龙晒袍。'"

"哦，那么有机会看到皇宫里的宝贝啦？"

龙儿呵呵笑着说道："六月六这天，如果天气晴朗，皇宫内的全部銮驾都要陈列出来暴晒，连皇史、宫内的档案、实录、御制文集等，也要摆在庭院中通风晾晒呢。这还不算，各地的大大小小的寺庙道观要在这一天举行'晾经会'，把他们的经书统统摆出来晾晒，以防经书潮湿、虫蛀鼠咬，所以这一天也有'晾经节'之称。"

酷卡顽皮地笑着说道："中国人真是会生活，每天好像都是节日啊。"

龙儿哈哈一笑，说："真是呢，在老北京有个白云观，它的藏经楼里藏有道教经书五千多卷，在每年的六月初一至初七，白云观要举行晾经会。那个时候，道士们一个个衣冠整洁、焚香秉烛，把藏经楼里的'道藏'统统拿出来通风翻晒。还有，广安门内著名的善果寺每逢六月初六也要做斋，举办'晾经法会'，僧侣们要礼佛、诵经，届时开庙一天。那时看完洗象的百姓，都会涌到善果寺中观看晾经，所以寺前也形成临时集市，好热闹的。"

酷卡有点着急地打断龙儿，说："等一等，龙儿，你说了好多寺庙、道观、经书，这些东西是什么啊？是以前你告诉我的'四书五经'吗？"

"不是的，这个'经书'可不是四书五经，它是宗教里的经书。"

酷卡不解地问道："宗教是个什么东西？"

酷卡的问题好像把龙儿难倒了，她想了想，才搔搔头说道："宗教嘛，说得简单点，就是相信什么，信奉什么。佛教起源是在东方古国印度，自从唐朝传到中国以后，在中国生根发芽，形成了以禅宗佛教为代表的中国佛教。中国土生土长的宗教是道教，在道教宣扬的道理里面，好多都集中反映了中国的东方智慧呢。"

《道德经》

上善若水。水善利万物而不争；处众人之所恶，故几于道。

【释义】最高层次的善就像水一样。水有利于万物，却不和万物相争；处在众人都厌恶的地方，所以最接近于"道"。

金玉满堂，莫之能守。富贵而骄，自贻其咎。

【释义】金玉满堂，不可能长期守住。富贵而骄纵，是自己给自己带来灾害。

知人者智，自知者明。胜人者有力，自胜者强。

【释义】能识知别人是智慧，能识知自己是贤明。能战胜别人是威力，能战胜自己才是强大。

知足不辱，知止不殆，可以长久。

【释义】知道满足就不会受侮辱，知道适可而止就不会有危险，这样才能长久。

祸兮福之所倚；福兮祸之所伏。

【释义】灾祸的旁边依靠着幸福。幸福的里面埋藏着灾祸。

合抱之木，生于毫末；九层之合，起于累土；千里之行，始于足下。

【释义】合抱粗的大树，是从细小的萌芽生长起来的。数层的高台，是从一筐筐泥土积累起来的。上千里的行程，是从第一步开始行走的。

酷卡口中喃喃地默念着老子"上善若水"的名句，两只明亮的眼睛闪烁出兴奋的光芒。酷卡激动地拉着龙儿的手说道："龙儿，中华的传统文化真的是一座巨大的宝藏啊，里面包含的智慧太丰富了，这些道理就是在我的家乡仙女星球上，也能行得通呢！你们的大自然里面，就像你说的，一草一木都是智慧。"

龙儿看着酷卡激动的样子，亲热地揽着他的肩头，伸手指着身旁荷塘里亭亭玉立的荷花说道："酷卡你看，这什刹海的荷塘、荷花美不美？"

酷卡使劲点点头说："太美了，今天带我到什刹海赏荷花，不光是看看吧？"

"酷卡你是越来越聪明了。" 龙儿说着，从身后变出两朵新鲜的莲蓬。

请品尝一下美味吧。

龙儿一边教酷卡品尝莲蓬里新鲜的莲子，一边慢慢地说着："六月正值荷花盛开，所以六月六这天，老北京还有郊游和赏荷的民俗，人们常到什刹海边赏莲边品藕。两岸垂柳成荫，水中荷花争艳，在这里乘凉消闲，别有韵味。而且你看这一朵朵美丽的荷花，在中华文化里它可是大名鼎鼎呢！"

有一篇散文《爱莲说》，是北宋著名的哲学家周敦颐写的。

爱莲说[1]

（北宋）周敦颐（yí）

水陆草木之花，可[2]爱者甚蕃（fán）[3]。晋陶渊明独爱菊[4]。自李唐来[5]，世人盛爱牡丹。予[6]独爱莲之[7]出淤泥[8]而不染[9]，濯（zhuó）[10]清涟[11]而不妖[12]，中通外直[13]，不蔓（màn）不枝[14]，香远益[15]清，亭亭净植[16]，可远观而不可亵（xiè）玩[17]焉。

予谓[18]菊，花之隐逸（yì）[19]者也；牡丹，花之富贵者也；莲，花之君子[20]者也。噫[21]！菊之爱[22]，陶后鲜（xiǎn）[23]有闻[24]。莲之爱，同予者何人[25]？牡丹之爱，宜乎众矣[26]。

【注释】 〔1〕爱莲说：出自《周濂溪集（周元公集）》。"说"是古代的一种文体，也称杂说。这种文体一般讲可以说明事理，也可以发表议论或记叙事物，都是为了阐明一个道理，给人某种启示或给自己明志。

〔2〕可：值得。

〔3〕蕃（fán）：多。

〔4〕晋陶渊明独爱菊：晋朝陶渊明唯独喜爱菊花。陶渊明（365年—427年），名潜，字元亮，自称五柳先生，世称靖节先生，东晋浔阳柴桑（现在江西省九江县）人，东晋著名诗人和隐士。他独爱菊花，常在诗里咏菊，如《饮酒》诗里的"采菊东篱下，悠然见南山"，被称为名句。独：只，唯独。

〔5〕自李唐来，世人盛爱牡丹：从唐朝以来，人们很爱牡丹。李唐，指唐朝。唐朝的皇帝姓李，所以称为"李唐"。世人：社会上的一般人。盛：特别，十分。

〔6〕予：我。

〔7〕之：助词，无实意，取消句子独立性。

〔8〕淤泥：河沟或池塘里积存的污泥。

〔9〕染：沾染（污秽）。

〔10〕濯（zhuó）：洗涤。

〔11〕清涟（lián）：水清而有微波的样子，这里指清水。

〔12〕妖：美丽而不庄重。

〔13〕中通外直：（它的茎）内空外直。通：贯通；通透。直：挺立。

〔14〕不蔓(màn)不枝：不牵牵连连，不枝枝节节。蔓：名词用作动词，生枝蔓。枝：名词用作动词，长枝节。

〔15〕益：更，更加。

〔16〕亭亭净植：笔直地洁净地立在那里。亭亭：耸立的样子。植：竖立。

〔17〕亵(xiè)玩：轻慢地玩弄。亵：亲近而不庄重。

〔18〕谓：认为。

〔19〕隐逸者：指隐居的人。在封建社会里，有些人不愿意跟统治者同流合污，就隐居避世。隐逸(yì)：隐居。

〔20〕君子：指品德高尚的人。

〔21〕噫(yì)：叹词，相当于现代汉语的"唉"。

〔22〕菊之爱：对于菊花的喜爱。之：宾语前置。

〔23〕鲜(xiǎn)：少。

〔24〕闻：听说。

〔25〕同予者何人：像我一样的还有什么人呢？

〔26〕宜乎众矣：当然人很多了。宜乎：应该。宜：应当。众：众多。

【译文】 水中和陆地上各种花草树木，值得喜爱的很多。东晋的陶渊明唯独喜爱菊花。自李氏唐朝以来，世人很喜爱牡丹。我唯独喜爱莲花，因为它从淤泥里长出来却不被污染，在清水里洗涤过，而不显得妖媚。它的茎中空外直，不生枝蔓，不长枝节，香气传得很远，（使人觉得）越发清幽，笔挺而洁净地立在那里，可以在远处观赏，却不能靠近它玩弄它。

我认为菊花，是花中的隐士；牡丹花，是花中富贵的花；莲花，是花中的君子。唉！对于菊花的喜爱，陶渊明之后就很少听说了。对于莲花的喜爱，像我一样的还有什么人呢？对于牡丹花的喜爱，当然人很多了。

酷卡一边端详着一株亭亭的粉色荷花，一边品味着《爱莲说》里的一字一句，突然问道："龙儿，怎么这篇文章的题目是写'莲'呢？"

"'莲'就是'荷'呀。"

酷卡兴奋地拉着龙儿的手说："那么莲朵就是这种'出淤泥而不染'的花咯？"

"对呀！"

"同样是花草树木，为什么他们可以写出这么好的作品来喽？"

"那是因为他们的心里有感情，有感想和感受啊，所以看到普通的花草树

木，都会生发出独到的感想和见解来。"

"龙儿再给我说一些写荷的诗作吧。"

龙儿调皮地说道："这个你最好是请'出淤泥而不染'的莲朵来说。"

莲朵有些不好意思地说道："我可没你们说得那么好。不过我知道，在中国人的心目中，荷花有着很高的地位，自古以来歌咏荷花的诗作可多了，我就给酷卡讲讲我自己喜欢的几首吧。"

采莲曲[1]

（唐）王昌龄

荷叶罗[2]裙一色裁，
芙蓉[3]向脸[4]两边开。
乱入池中看不见，
闻歌[5]始觉有人来。

【注释】

〔1〕采莲曲：乐府诗旧题，又称《采莲女》。内容描写江南水乡风光，采莲妇女的生活。

〔2〕罗：细软而有疏孔的丝织品。

〔3〕芙蓉：荷花。

〔4〕向脸：对着脸。

〔5〕闻歌：听到采莲女的歌声。

【译文】

荷花的绿叶和采莲女的丝绸裙子就像是同一色的丝绸剪裁而成，荷花的花朵与采莲女的脸同样照人。这迷离不明的样子，真是罗裙与荷叶同色，人面与荷花难分，在池边看不见她们的身影，听到歌声，才知道有人在采莲。

晓出[1]净慈寺[2]送林子方[3]

（南宋）杨万里

毕竟[4]西湖六月中，风光不与四时[5]同。
接天[6]莲叶无穷碧[7]，映日荷花别样[8]红。

【注释】

〔1〕晓出：太阳刚升起。

〔2〕净慈寺：杭州西湖畔著名佛寺。

〔3〕林子方：作者的朋友。
〔4〕毕竟：到底。
〔5〕四时：春夏秋冬四季。
〔6〕接天：与天空接在一起。
〔7〕无穷碧：无边无际的碧绿色。
〔8〕别样：不一样。

【译文】

到底是西湖的六月时节，此时的风光与春夏秋冬四季相比确实不同。碧绿的莲叶无边无际、一片碧绿，一直延伸到水天相接的远方，在阳光的照映下，荷花显得格外艳丽鲜红。

一剪梅

（北宋） 李清照

红藕香残玉簟[1]秋，轻解罗裳[2]，独上兰舟。云中谁寄锦书来？雁字[3]回时，月满西楼。

花自飘零水自流。一种相思，两处闲愁。此情无计可消除，才下眉头，却上心头。

〔1〕玉簟(diàn)：光华如玉的精美竹席。
〔2〕裳(cháng)：古人穿的下衣。也泛指衣服。
〔3〕雁字：指雁群飞时排成"一"或"人"形。相传雁能传书。

【注释】

【译文】

荷已残，香已消，冷滑如玉的竹席，透出深深的凉秋，轻轻脱换下薄纱罗裙，独自泛一叶兰舟。仰头凝望远天，那白云舒卷处，谁会将锦书寄来？正是雁群排成"人"字，一行行南归时候，月光皎洁浸人，洒满这西边独倚的亭楼。

花，自在地飘零；水，自在地漂流，一种离别的相思，你与我，牵动起两处的闲愁。啊，无法排除的是这相思，这离愁，刚从微蹙的眉间消失，又隐隐缠绕上了心头。

七夕节

立秋过后下了一场雨，气温很快转凉了。尽管中午的太阳还是晒得皮肤火辣辣的，但是每到清晨和傍晚，徐徐的凉风拂过脸庞，让人感觉到说不出的舒服惬意。

一大早起来，酷卡伸了个大大的懒腰，正要去龙儿的房间看看这个贪睡的姑娘是不是又在睡懒觉，却看见龙儿端着一个精致的案桌匆匆忙忙地走了过来。只见她把案桌端端正正地放在窗旁的榻上，还不忘用手绢将桌面和四周雕刻的牡丹花仔细地擦干净。然后在上面错落有致地摆好各色的花果、针线和精心刺绣的两张手帕。突然想起还有重要的东西没准备，转身快速地朝里屋走

去。酷卡看着龙儿忙来忙去，完全不理睬自己，跟在龙儿后面大声喊着："龙儿，大清早的你在忙什么呢？"

"哦，酷卡你起来了，自己找点东西吃啊，我还有重要的东西没准备好呢。"

"一大早你神神秘秘地干什么呢？"

"酷卡，你不知道吧，今天是农历七月初七，是我们女孩子的重大节日呢。"龙儿像个小大人一样，拍着酷卡的肩膀笑着说道。

"今天又是什么节日呀？没有我们男孩子的份吗？"

这个问题好像把龙儿考到了，她停下手里的活歪着脑袋想了想，说："嗯，这个问题嘛，好像有点复杂，应该是跟'男人'有关系吧，至于你这个男孩嘛……"

"哎呀，你就别卖关子了，快告诉我是怎么回事吧。"

看酷卡着急的样子，龙儿咯咯笑着说道："每年农历七月初七这一天，是汉族的传统节日'七夕节'。在晴朗的夏秋之夜，天上繁星闪耀，一道白茫茫的银河像天河横贯南北，在河的东西两岸，各有一颗闪亮的星星，隔河相望，遥遥相对，那就是牵牛星和织女星。七夕坐看牵牛织女星，是民间的习俗。相传在每年的这个夜晚，是天上织女和牛郎在鹊桥相会的日子。织女是一个美丽聪明、心灵手巧的仙女，凡间的妇女便在这一天晚上向她乞求智慧和巧艺，也少不了向她求赐美满姻缘，所以七月初七也被称为乞巧节。这个习俗从汉代开始就有了。七夕的应节食品，以巧果最为出名。巧果主要的材料是油面糖蜜，款式好多哦。这不，我准备这些东西，就是要在晚上向织女穿针乞巧呢。"

"哦，真是女人们的节日呢。那么牛郎织女鹊桥相会是什么有趣的故事啊？"

"七夕节是我国传统节日中最具浪漫色彩的一个节日。七夕节始终和牛郎织女的传说相连，这是一个很美丽的，千古流传的爱情故事，成为我国四大民间爱情传说之一。"

七夕乞巧拜织女

【赏析】

相传在很早以前，南阳城西牛家庄里有个聪明、忠厚的小伙子，父母早亡，只好跟着哥哥嫂子度日，嫂子马氏为人狠毒，经常虐待他，逼他干很多的活。一年秋天，嫂子逼他去放牛，给他九头牛，却让他等到有了十头牛时才能回家，牛郎无奈只好赶着牛出了村。

牛郎独自一人赶着牛进了山，在草深林密的山上，他坐在树下伤心，不知道何时才能赶着十头牛回家，这时，有位须发皆白的老人出现在他的面前，问他为何伤心，当得知他的遭遇后，笑着对他说："别难过，在伏牛山里有一头病倒的老牛，你去好好喂养它，等老牛病好以后，你就可以赶着它回家了。"

牛郎翻山越岭，走了很远的路，终于找到了那头有病的老牛，他看到老牛病得厉害，就去给老牛打来一捆捆草，一连喂了三天，老牛吃饱了，才抬起头告诉他，自己本是天上的灰牛大仙，因触犯了天规被贬下天来，摔坏了腿，无法动弹。自己的伤需要用百花的露水洗一个月才能好，牛郎不畏辛苦，细心地照料了老牛一个月，白天为老牛采花接露水治伤，晚上依偎在老牛身边睡觉，到老牛病好后，牛郎高高兴兴赶着十头牛回了家。

回家后，嫂子对他仍旧不好，曾几次要加害他，都被老牛设法相救，嫂子最后恼羞成怒把牛郎赶出家门，牛郎只要了那头老牛相随。

一天，天上的织女和诸仙女一起下凡游戏，在河里洗澡，牛郎在老牛的帮助下认识了织女，二人互生情意，后来织女便偷偷下凡，来到人间，做了牛郎的妻子。织女还把从天上带来的天蚕分给大家，并教大家养蚕，抽丝，织出又光又亮的绸缎。

牛郎和织女结婚后，男耕女织，情深义重，他们生了一男一女两个孩子，一家人生活得很幸福。但是好景不长，这事很快便让天帝知道，王母娘娘亲自下凡来，强行把织女带回天上，恩爱夫妻被拆散。

牛郎上天无路，还是老牛告诉牛郎，在它死后，可以用它的皮做成鞋，穿着就可以上天。牛郎按照老牛的话做了，穿上牛皮做的鞋，拉着自己的儿女，一起腾云驾雾上天去追织女，眼见就要追到了，岂知王母娘娘拔下头上的金簪一挥，一道波涛汹涌的天河就出现了，牛郎和织女被隔在两岸，只能相对哭泣流泪。他们的忠贞爱情感动了喜鹊，千万只喜鹊飞来，搭成鹊桥，让牛郎织女走上鹊桥相会，王母娘娘对此也无奈，只好允许两人在每年七月七日于鹊桥相会。

后来，每到农历七月初七，相传是牛郎织女鹊桥相会的日子，姑娘们就会来到花前月下，抬头仰望星空，寻找银河两边的牛郎星和织女星，希望能看到他们一年一度的相会，乞求上天让自己像织女那样心灵手巧，祈祷自己能有如意称心的美满婚姻，由此形成了七夕节。2006年5月20日，七夕节被列入第一批国家非物质文化遗产名录，现在又被大家认为是"中国情人节"。人们传说在七夕的夜晚，抬头可以看到牛郎织女银河相会，或者在瓜果架下可以偷听到两人在天上相会时的脉脉情话。

"这么浪漫的故事，一定有很多动人的诗篇描写它吧。"

"那当然了。中华民族是一个很讲情意的民族，虽然在以前的文化传统里面'爱情'这个主题常常很委婉地表达，但是在人们的心里面对爱情、对婚姻家庭是非常重视的。"

"是啊，爱是多么重要，在我们仙女星球，爱也是最令人尊敬的美德。"

古代诗人、作家们描写七夕和爱情的名篇很多，你看——

迢迢牵牛星

（梁）萧 统

迢迢牵牛星，皎皎河汉女。
纤纤擢素手，札札弄机杼。
终日不成章，泣涕零如雨。
河汉清且浅，相去复几许。
盈盈一水间，脉脉不得语。

鹊桥仙

（宋）秦 观

纤云弄巧，飞星传恨，银汉迢迢暗渡。金风玉露一相逢，便胜却人间无数。

柔情似水，佳期如梦，忍顾鹊桥归路！两情若是久长时，又岂在朝朝暮暮！

七夕醉答君东

（明）汤显祖

玉名堂开春翠屏，新词传唱《牡丹亭》。
伤心拍遍无人会，自掐檀痕教小伶。

孔雀东南飞

序曰：汉末建安中，庐江府小吏焦仲卿妻刘氏，为仲卿母所遣，自誓不嫁。其家逼之，乃投水而死。仲卿闻之，亦自缢于庭树。时人伤之，为诗云尔。

孔雀东南飞，五里一徘徊。

"十三能织素，十四学裁衣，十五弹箜篌，十六诵诗书。十七为君妇，心中常苦悲。君既为府吏，守节情不移，贱妾留空房，相见常日稀。鸡鸣入机织，夜夜不得息。三日断五匹，大人故嫌迟。非为织作迟，君家妇难为！妾不堪驱使，徒留无所施，便可白公姥，及时相遣归。"

府吏得闻之，堂上启阿母："儿已薄禄相，幸复得此妇，结发同枕席，黄泉共为友。共事二三年，始尔未为久，女行无偏斜，何意致不厚？"

阿母谓府吏："何乃太区区！此妇无礼节，举动自专由。吾意久怀忿，汝岂得自由！东家有贤女，自名秦罗敷，可怜体无比，阿母为汝求。便可速遣之，遣去慎莫留！"

府吏长跪告："伏惟启阿母，今若遣此妇，终老不复取！"

阿母得闻之，槌床便大怒："小子无所畏，何敢助妇语！吾已失恩义，会不相从许！"

府吏默无声，再拜还入户，举言谓新妇，哽咽不能语："我自不驱卿，逼迫有阿母。卿但暂还家，吾今且报府。不久当归还，还必相迎取。以此下心意，慎勿违吾语。"

新妇谓府吏："勿复重纷纭。往昔初阳岁，谢家来贵门。奉事循公姥，进止敢自专？昼夜勤作息，伶俜萦苦辛。谓言无罪过，供养卒大恩；仍更被驱遣，何言复来还！妾有绣腰襦，葳蕤自生光；红罗复斗帐，四角垂香囊；箱帘六七十，绿碧青丝绳，物物各自异，种种在其中。人贱物亦鄙，不足迎后人，留待作遗施，于今无会因。时时为安慰，久久莫相忘！"

鸡鸣外欲曙，新妇起严妆。著我绣夹裙，事事四五通。足下蹑丝履，头上玳瑁光。腰若流纨素，耳著明月珰。指如削葱根，口如含朱丹。纤纤作细步，精妙世无双。

上堂拜阿母，阿母怒不止。"昔作女儿时，生小出野里。本自无教训，兼愧贵家子。受母钱帛多，不堪母驱使。今日还家去，念母劳家里。"却与小姑别，泪落连珠子。"新妇初来时，小姑始扶床；今日被驱遣，小姑如我长。勤心养公姥，好自相扶将。初七及下九，嬉戏莫相忘。"出门登车去，涕落百余行。

府吏马在前，新妇车在后。隐隐何甸甸，俱会大道口。下马入车中，低头共耳语："誓不相隔卿，且暂还家去；吾今且赴府，不久当还归。誓天不相负！"

新妇谓府吏："感君区区怀！君既若见录，不久望君来。君当作磐石，妾当作蒲苇，蒲苇纫如丝，磐石无转移。我有亲父兄，性行暴如雷，恐不任我意，逆以煎我怀。"举手长劳劳，二情同依依。

入门上家堂，进退无颜仪。阿母大拊掌，不图子自归："十三教汝织，十四能裁衣，十五弹箜篌，十六知礼仪，十七遣汝嫁，谓言无誓违。汝今何罪过，不迎而自归？"兰芝惭阿母："儿实无罪过。"阿母大悲摧。

还家十余日，县令遣媒来。云有第三郎，窈窕世无双。年始十八九，便言多令才。

阿母谓阿女："汝可去应之。"

阿女含泪答："兰芝初还时，府吏见丁宁，结誓不别离。今日违情义，恐此事非奇。自可断来信，徐徐更谓之。"

阿母白媒人："贫贱有此女，始适还家门。不堪吏人妇，岂合令郎君？幸可广问讯，不得便相许。"媒人去数日，寻遣丞请还，说有兰家女，承籍有宦官。云有第五郎，娇逸未有婚。遣丞为媒人，主簿通语言。直说太守家，有此令郎君，既欲结大义，故遣来贵门。

阿母谢媒人："女子先有誓，老姥岂敢言！"

阿兄得闻之，怅然心中烦。举言谓阿妹："作计何不量！先嫁得府吏，后嫁得郎君，否泰如天地，足以荣汝身。不嫁义郎体，其往欲何云？"

兰芝仰头答："理实如兄言。谢家事夫婿，中道还兄门。处分适兄意，那得自任专！虽与府吏要，渠会永无缘。登即相许和，便可作婚姻。"

媒人下床去，诺诺复尔尔。还部白府君："下官奉使命，言谈大有缘。"府君得闻之，心中大欢喜。视历复开书，便利此月内，六合正相应。良吉三十日，今已二十七，卿可去成婚。交语速装束，络绎如浮云。青雀白鹄舫，四角龙子幡。婀娜随风转，金车玉作轮。踯躅青骢马，流苏金镂鞍。赍钱三百万，皆用青丝穿。杂彩三百匹，交广市鲑珍。从人四五百，郁郁登郡门。

阿母谓阿女："适得府君书，明日来迎汝。何不作衣裳？莫令事不举！"

阿女默无声，手巾掩口啼，泪落便如泻。移我琉璃榻，出置前窗下。左手持刀尺，右手执绫罗。朝成绣夹裙，晚成单罗衫。 晻晻日欲暝，愁思出门啼。

府吏闻此变，因求假暂归。未至二三里，摧藏马悲哀。新妇识马声，蹑履相逢迎。怅然遥相望，知是故人来。举手拍马鞍，嗟叹使心伤："自君别我后，人事不可量。果不如先愿，又非君所详。我有亲父母，逼迫兼弟兄。以我应他人，君还何所望！"

府吏谓新妇："贺卿得高迁！磐石方且厚，可以卒千年；蒲苇一时纫，便作旦夕间。卿当日胜贵，吾独向黄泉！"

新妇谓府吏："何意出此言！同是被逼迫，君尔妾亦然。黄泉下相见，勿违今日言！"执手分道去，各各还家门。生人作死别，恨恨那可论？念与世间辞，千万不复全！

府吏还家去，上堂拜阿母："今日大风寒，寒风摧树木，严霜结庭兰。儿今日冥冥，令母在后单。故作不良计，勿复怨鬼神！命如南山石，四体康且直！"

阿母得闻之，零泪应声落："汝是大家子，仕宦于台阁。慎勿为妇死，贵贱情何薄！东家有贤女，窈窕艳城郭，阿母为汝求，便复在旦夕。"

府吏再拜还，长叹空房中，作计乃尔立。转头向户里，渐见愁煎迫。

其日牛马嘶，新妇入青庐。奄奄黄昏后，寂寂人定初。我命绝今日，魂去尸长留！揽裙脱丝履，举身赴清池。

府吏闻此事，心知长别离。徘徊庭树下，自挂东南枝。

两家求合葬，合葬华山傍。东西植松柏，左右种梧桐。枝枝相覆盖，叶叶相交通。中有双飞鸟，自名为鸳鸯。仰头相向鸣，夜夜达五更。行人驻足听，寡妇起彷徨。多谢后世人，戒之慎勿忘。

龙儿好不容易把整首诗讲完，问酷卡："是不是觉得这首《孔雀东南飞》很长？"

　　"是啊，这么长的诗我还是第一次见到呢。"

　　"《孔雀东南飞》是我国文学史上第一部长篇叙事诗，也是我国古代史上最长的一部叙事诗，取材于一个民间的故事。《孔雀东南飞》与南北朝的《木兰辞》并称'乐府双璧'。这首诗虽然很长，但是容易理解，第一次没读懂的地方，多读几次就懂了，没人教一样行的。"

　　听龙儿讲了这么多伟大的作品，酷卡激动地拉着龙儿说道："龙儿龙儿，你帮我找到这些书，我要带回仙女星去。"

　　"啊，你要带书回仙女星？那可得问问莲朵同意不同意了。"

　　酷卡正要去问莲朵，突然想起一件事，"龙儿，你可不可以先透露下，今天晚上你会向织女祈祷什么啊？"

　　"我呀，我小龙儿当然要向织女祈祷，长大以后成为中华第一才女了！"

　　"才女？"

　　"是啊，女孩子不仅是要心灵手巧，还要有知识和文化，才是完美的女性，才是我心目中追求的目标呢。虽然在古代，很多时候女孩子都不能和男孩子一样受到教育，但是在各个朝代，有才华的女性都层出不穷呢，就像《红楼梦》里写的那些女孩子，这就是'闺阁中历历有人'！比如古代的才女蔡文姬、李清照、班昭等，都是我的偶像哦！"

　　看见龙儿一脸崇拜又一脸认真的样子，酷卡拉起龙儿的手说道："龙儿你真有志向！走，我帮你准备东西去。"

立秋

莲朵："酷卡，送你……"

酷卡："哇，好美的黄叶，这是到秋天了吗？我知道，好像在地球的四季里，秋天也是很美的。"

龙儿："是呀，秋天有满满的收获，也有凄凄的别离，有太多的故事，有太多的美景……"

"立秋"是什么意思？

别着急，让我慢慢告诉你……

每年8月7日或8日，太阳到达黄经135°时为立秋。

我国古代将立秋分为三候：一候凉风至；二候白露生；三候寒蝉鸣。这是说立秋过后，刮风时人们会感觉到凉爽，此时的风已不同于暑天中的热风，早晨也会有雾气产生，秋天感阴而鸣的寒蝉也开始鸣叫。据记载，宋时立秋这天宫内要把栽在盆里的梧桐移入殿内，等到"立秋"时辰一到，太史官便高声奏道："秋来了。"奏毕，梧桐应声落下一两片叶子，以寓报秋之意。

在中国，由于全国各地气候不同，秋季开始时间也不一致。气候学上以每5天的日平均气温稳定下降到22℃以下的始日作为秋季开始，这种划分方法比较符合各地实际，但与黄河中下游立秋日期相差较大。立秋以后，我国中部地区早稻收割，晚稻移栽，大秋作物进入重要生长发育时期。秋的意思是暑去凉来，秋天开始。古人把立秋当做夏秋之交的重要时刻，一直很重视这个节气。

早在周代，逢立秋之日，天子亲率三公九卿诸侯大夫到西郊迎秋，举行祭祀仪式。汉代沿承此俗，并杀兽以祭，表示秋来扬武之意。民间则有在立秋时占卜天气凉热的风俗。东汉崔寔《四民月令》："朝立秋，冷飕飕；夜立秋，热到头。"从唐宋时起，有在此日用秋水服食小赤豆的风俗。取七粒至十四粒小赤豆，以井水吞服，服时要面朝西，这样据说可以一秋不犯痢疾。

　　酷卡："中国的传统文化真有意思，一个天气的变化、一个节气，都可以有如此丰富的内涵。"

　　龙儿："让我们去巴蜀四川吧！那可是一个人杰地灵的好地方。"

　　四川，简称川或蜀，位于我国西南地区、长江上游，属中国西南内陆。地跨青藏高原、云贵高原、横断山脉、秦巴山地、四川盆地等几大地貌单元，地势西高东低，由西北向东南倾斜。地形复杂多样。最高点是西部横断山脉的主峰贡嘎山，海拔7556米。最低点在南边泸州市合江县的长江之滨，海拔约220米。以龙门山——大凉山一线为界，东部为四川盆地及盆　山地，西部为川西高山高原及川西南山地。这样的地势地貌，造就了四川类型各异的自然环境和独特风光，峨眉山、九寨沟、蜀南竹海、都江堰、青城山、剑门蜀道……更让四川灿烂丰富的文化有着天然的依托，如：金沙遗址、三星堆遗址、三国遗迹、武侯祠、杜甫草堂等。

　　商周时期，四川地区建立了两个国家：一是川西地区以古蜀部落为中心建立的蜀国，一是川东地区(今川东地区和重庆地区)以古巴部落为中心建立的巴国，所以四川古称"巴蜀"。

　　秦朝，太守李冰在成都建成了举世闻名、万代受益的都江堰，使成都"水旱从人，不知饥馑"，从此被誉为"天府之国"。随后三国时的孔明奖励农耕、发展生产、兴修水利，对成都平原的农业进一步推进，让四川达到"道不拾遗，夜不闭户"的升平现象，使"天府之国"的名声得以传播。到唐朝成都鼎盛时期李白的一首诗"九天开出一成都，万户千门入画图。草树云山如锦绣，秦川得及此间无"更让"天府之国"人人皆知。

酷卡："这就是四川吗？ 我还从没见过如此五彩缤纷的湖泊，还有那延绵起伏的雪山，是那样的高，即使我变成老鹰也一定飞不过去。"

龙儿："酷卡，你看见那五彩缤纷的湖泊是四川九寨沟的五彩池，它是因为钙化而形成的，至于那样的雪山，四川还有许多。在古代，因为科技不发达，四川的群山连绵成为天然屏障，阻挡了外人的侵略，也让四川成为了'蛮夷之地'，不可接近。"

"唐代大诗人李白，曾作《蜀道难》。说有人如果想要到四川，那可是比登天还要难呢！不如，我们先看看这首诗吧……"

蜀道难[1]

（唐）李 白

噫吁嚱，危乎高哉！蜀道之难，难于上青天！蚕丛及鱼凫[2]，开国何茫然！尔来四万八千岁，不与秦塞通人烟。西当太白[3]有鸟道，可以横绝峨眉巅。地崩山摧壮士死，然后天梯石栈相钩连。上有六龙回日之高标，下有冲波逆折之回川。黄鹤之飞尚不得过，猿猱欲度愁攀援。青泥[4]何盘盘，百步九折萦岩峦。扪参历井[5]仰胁息，以手抚膺坐长叹。

问君西游何时还？畏途 岩不可攀。但见悲鸟号古木，雄飞雌从绕林间。又闻子规[6]啼夜月，愁空山。蜀道之难，难于上青天，使人听此凋朱颜！连峰去天不盈尺，枯松倒挂倚绝壁。飞湍瀑流争喧豗，砯崖转石万壑雷。其险也如此，嗟尔远道之人胡为乎来哉！

剑阁峥嵘而崔嵬，一夫当关，万夫莫开。所守或匪亲，化为狼与豺。朝避猛虎，夕避长蛇。磨牙吮血，杀人如麻。锦城虽云乐，不如早还家。蜀道之难，难于上青天，侧身西望长咨嗟！

【注释】
〔1〕"蜀道难"是乐府《相和歌辞》旧题，内容多写蜀道的艰险。李白此诗大约是在长安送友人入蜀而作。
〔2〕蚕丛、鱼凫：传说古蜀国两位国王的名字。
〔3〕太白：指太白山，又名太乙山，在长安西（今陕西眉县、太白县一带）。

〔4〕青泥:指青泥岭,在今甘肃徽县南。《元和郡县志》卷二十二:"青泥岭,在县西北五十三里,接溪山东,即今通路也。悬崖万仞,山多云雨,行者屡逢泥淖,故号青泥岭。"

〔5〕扪参历井:参、井是二星宿名。古人把天上的星宿分别指配于地上的州国,叫做"分野",以便通过观察天象来占卜地上所配州国的吉凶。参星为蜀之分野,井星为秦之分野。扪:用手摸。历:经过。

〔6〕子规:即杜鹃鸟,蜀地最多,鸣声悲哀。

【译文】 唉呀呀,多么危险多么高峻伟岸!蜀道真太难攀简直难于上青天。传说中蚕丛和鱼凫建立了蜀国,开国的年代实在久远无法详谈。自从那时至今约有四万八千年,秦蜀被秦岭所阻从不沟通往返。西边太白山有飞鸟能过的小道。从那小路走可横渡峨眉山顶端。山崩地裂蜀国五壮士被压死了,两地才有天梯栈道开始相通连。上有挡住太阳神六龙车的山巅,下有激浪排空纡回曲折的大川。善于高飞的黄鹄尚且无法飞过,即使猢狲要想翻过也愁于攀援。青泥岭多么曲折绕着山峦盘旋,百步之内萦绕岩峦转九个弯。可以摸到参、井星叫人仰首屏息,用手抚胸惊恐不已坐下来长叹。

好朋友啊请问你西游何时回还?可怕的岩山道实在难以登攀!只见那悲鸟在古树上哀鸣啼叫;雄雌相随飞翔在原始森林之间。月夜听到的是杜鹃悲惨的啼声,这荒荡的空山令人愁思绵绵!蜀道难走简直难于上青天,叫人听到这些怎么不脸色突变?山峰座座相连离天还不到一尺;枯松老枝倒挂倚贴在绝壁之间。漩涡飞转瀑布飞泻争相喧闹着;水石相击转动像万壑鸣雷一般。那去处恶劣艰险到了这种地步;唉呀呀你这个远方而来的客人,为了什么要来到这个地方?

剑阁那地方崇峻巍峨高入云端,只要一人把守,千军万马也难攻占。驻守的官员若不是皇家的近亲,难免要变为豺狼踞此为非造反。清晨你要提心吊胆地躲避猛虎;傍晚你要警觉防范长蛇的灾难。豺狼虎豹磨牙吮血真叫人不安;毒蛇猛兽杀人如麻即令你胆寒。锦官城虽然说是个快乐的所在;如此险恶还不如早早地把家还。蜀道太难走啊简直难于上青天;侧身西望令人不免感慨与长叹!

【赏析】 这首诗,大约是唐玄宗天宝初年,李白第一次到长安时写的。《蜀道难》是他袭用乐府旧题,展开丰富的想象,着力描绘了秦蜀道路上奇丽惊险的山川,并从中透露了对社会的某些忧虑与关切。诗人大体按照由古及今,自秦入蜀的线索,抓住各处山水特点来描写,以展示蜀道之难。

其中"噫吁"到"然后天梯石栈相钩连"为一个段落。一开篇就极言蜀道之难，以感情强烈的咏叹点出主题，为全诗奠定了雄放的基调。随着感情的起伏和自然场景的变化，"蜀道之难，难于上青天"的咏叹反复出现，像一首乐曲的主旋律一样激荡着读者的心弦。为什么说蜀道的难行比上天还难呢？这是因为自古以来秦、蜀之间被高山峻岭阻挡，由秦入蜀，太白峰首当其冲，只有高飞的鸟儿能从低缺处飞过。太白峰在秦都咸阳西南，是关中一带的最高峰。民谚云："武公太白，去天三百。"诗人以夸张的笔墨写出了历史上不可逾越的险阻，并融汇了五丁开山的神话，渲染了神奇色彩，犹如一部乐章的前奏，具有引人入胜的妙用。下面即着力刻画蜀道的高危难行了。

"上有六龙回日之高标"至"使人听此凋朱颜"为又一段落。这一段极写山势的高危，山高写得愈充分，愈可见路之难行。你看那突兀而立的高山，高标接天，挡住了太阳神的运行；山下则是冲波激浪、曲折回旋的河川。诗人不但把夸张和神话融为一体，直写山高，而且衬以"回川"之险，唯其水险，更见山势的高危。诗人意犹未尽，又借黄鹤与猿猱来反衬。山高得连千里翱翔的黄鹤也不得飞渡，轻疾敏捷的猿猴也愁于攀援，不言而喻，人行走就难上加难了。以上用虚写手法层层映衬，下面再具体描写青泥岭的难行。

青泥岭，"悬崖万仞，山多云雨"（《元和郡县志》），为唐代入蜀要道。诗人着重就其峰路的萦回和山势的峻危来表现人行其上的艰难情状和畏惧心理，捕捉了在岭上曲折盘桓、手扪星辰、呼吸紧张、抚胸长叹等细节动作加以摹写，寥寥数语，便把行人艰难的步履、惶悚的神情，绘声绘色地刻画出来，困危之状如在眼前。

至此蜀道的难行似乎写到了极处。但诗人笔锋一转，借"问君"引出旅愁，以忧切低昂的旋律，把读者带进一个古木荒凉、鸟声悲凄的境界。杜鹃鸟空谷传响，充满哀愁，使人闻声失色，更觉蜀道之难。诗人借景抒情，用"悲鸟号古木"、"子规啼夜月"等感情色彩浓厚的自然景观，渲染了旅愁和蜀道上空寂苍凉的环境气氛，有力地烘托了蜀道之难。然而，逶迤千里的蜀道，还有更为奇险的风光。自"连峰去天不盈尺"至全篇结束，主要从山川之险来揭示蜀道之难，着力渲染惊险的气氛。"连峰去天不盈尺"是夸饰山峰之高，"枯松倒挂倚绝壁"则是衬托绝壁之险。

诗人先托出山势的高险，然后由静而动，写出水石激荡、山谷轰鸣的惊险场景。好像一串电影镜头：开始是山峦起伏、连峰接天的远景画面；接着平缓地推成枯松倒挂绝壁的特写；而后，跟踪而来的是一组快镜头：飞湍、瀑流、悬崖、转石，配合着万壑雷鸣的音响，飞快地从眼前闪过，惊险万状，目不暇接，从而造成一种势若排山倒海的强烈艺术效果，使蜀道之难的描写，简直达到了登峰造极的地步。如果说上面山势的高危已使人望而生畏，那此处山川的险要更令人惊心动魄了。

风光变幻，险象丛生，惊险的气氛中，最后写到蜀中要塞剑阁，在大剑山和小剑山之间有一条三十里长的栈道，群峰如剑，连山耸立，削壁中断如门，形成天然要塞。因其地势险要，易守难攻，历史上在此割据称王者不乏其人。诗人从剑阁的险要引出对政治形势的描写。他化用西晋张载《剑阁铭》中"形胜之地，匪亲勿居"的语句，劝人引为戒，警惕战乱的发生，并联系当时的社会背景，揭露了蜀中豺狼的"磨牙吮血，杀人如麻"，从而表达了对国事的忧虑与关切。唐天宝初年，太平景象的背后正潜伏着危机，后来发生的安史之乱，证明诗人的忧虑是有现实意义的。

李白以变化莫测的笔法，淋漓尽致地刻画了蜀道之难，艺术地展现了古老蜀道逶迤、峥嵘、高峻、崎岖的面貌，描绘出一幅色彩绚丽的山水画卷。诗中那些动人的景象宛如历历在目。诗人寄情山水，放浪形骸，对自然景物不是冷漠的观赏，而是热情地赞叹，借以抒发自己的理想感受。那飞流惊湍、奇峰险壑，赋予了诗人情感气质，呈现出飞动的灵魂和瑰伟的姿态。诗人善于把想象、夸张和神话传说融为一体进行写景抒情。

唐以前的《蜀道难》作品，简短单薄。李白对东府旧题有所创新和发展，用了大量散文化诗句，字数从三言、四言、五言、七言，直到十一言，参差错落，长短不齐，形成极为奔放的语言风格。诗的用韵，也突破了梁陈时代旧作一韵到底的形式。后面描写蜀中险要环境，一连三换韵脚，极尽变化之能事。所以殷璠编《河岳英灵集》称此诗"奇之又奇，自骚人以还，鲜有此体调"。

龙儿："酷卡，看美景是要付出代价的，李白都说了'蜀道之难，难于上青天'，你还敢去四川吗？"

酷卡："当然，我更想去了，李白是以四川衬托他在政治上的忧虑，中国诗人最擅长的就是以景言志，所以，夸张是必不可少的文学手法，我说得对吗？"

龙儿："嗯，完全正确，看来你是开始了解中国文化了，那就让我们走进四川，走进无边秋色美景中吧！"

秋词二首

（唐） 刘禹锡

其一

自古逢秋悲寂寥， 我言秋日胜春朝。

晴空一鹤排云上， 便引诗情到碧霄。

其二

山明水净夜来霜， 数树深红出浅黄。

试上高楼清入骨， 岂如春色嗾人狂。

【赏析】 《秋词二首》是唐代诗人刘禹锡被贬朗州司马时所作。此诗以最大的热情讴歌了秋天的美好。诗人把悲凉的秋天看得比春天还美，另辟蹊径，一反常调。诗的立意不仅新颖，而且深刻，表现了诗人独有的精神和独到的见地。

第一首诗的大意为：自古以来每逢秋天都会感到悲凉寂寥，我却认为秋天要胜过春天。万里晴空，一只鹤凌云而飞起，就引发我的诗兴到了蓝天上了。诗人深深懂得古来悲秋的实质是志士失志，对现实失望，对前途悲观，因而在秋天只看到萧条，感到寂寥，死气沉沉。诗人同情他们的遭遇和处境，但不同意他们的悲观失望的情感。他针对这种寂寥之感，偏说秋天比那万物萌生、欣欣向荣的春天要好，强调秋天并不死气沉沉，而是很有生气。他指引人们看那振翅飞举的鹤，在秋日晴空中，排云直上，矫健凌厉，奋发有为，大展宏图。这只鹤是独特的、孤单的。但正是这只鹤的顽强奋斗，冲破了秋天的肃杀氛围，为大自然别开生面，使志士们精神为之抖擞。这只鹤是不屈志士的化身，奋斗精神的体现。

第二首诗的大意为：秋天来了，山明水净，夜晚已经有霜；树叶由绿色转为浅黄色，其中却有几棵树叶变成红色，在浅黄色中格外显眼；登上高楼，四望清秋入骨；才不会像春色那样使人发狂。前两句写秋天景色，诗人只是如实地勾勒其本色，显示其特色，明净清白，有红有黄，略有色彩，流露出高雅闲淡的情韵，文质彬彬的君子风度，令人敬肃。谓予不信，试上高楼一望，便使人感到清澈入骨，思想澄净，心情肃然深沉，不会像那繁华浓艳的春色，教人轻浮若狂。末句用"春色嗾（sǒu）人狂"反比衬托出诗旨，全诗暗用拟人手法，生动形象，运用巧妙。

这两首《秋词》主题相同，但各写一面，既可独立成章，又是互为补充。其一赞秋气，其二咏秋色。气以励志，色以冶情。所以赞秋气以美志向高尚，咏秋色以颂情操清白。景随人移，色由情化。景色如容妆，见性情，显品德。春色以艳丽取悦，秋景以风骨见长。

刘禹锡（772年—842年），字梦得，洛阳人，为匈奴族后裔。晚年任太子宾客，世称"刘宾客"。他的诗精练含蓄，往往能以清新的语言表达自己对人生或历史的深刻理解，因而被白居易推崇备至，誉为"诗豪"。他在远谪湖南、四川时，接触到少数民族的生活，并受到当地民歌的一些影响，创作出《竹枝》、《浪淘沙》诸词，给后世留下"银钏金钗来负水，长刀短笠去烧畲"的民俗画面与"东边日出西边雨，道是无晴还有晴"等传世名句。他在和白居易的《春词》时，曾注明"依《忆江南》曲拍为句"，这是中国文学史上依曲填词的最早记录。著有《刘宾客集》。

夜雨寄北

（唐）李商隐

君问归期未有期，

巴山夜雨涨秋池。

何当共剪西窗烛，

却话巴山夜雨时。

【赏析】

全诗的意思是：你问我回家的日子，我尚未定归期；今晚巴山下着大雨，雨水涨满池子。何时你我重新聚首，共剪西窗烛芯；再告诉你今夜秋雨，我痛苦的思念。

在诗歌中，有两次"巴山夜雨"，第一次是实写，第二次是虚写、想象与妻子团圆，"共剪西窗烛"时再回忆起巴山夜雨情景。如果说前两句是实写当前景的话，那么后两句则是虚写未来情。诗人在秋雨绵绵之夜，触景生情，展开想象的翅膀，用丰富而自然的联想来表现他们夫妻的恩爱之情。诗人在此选取了两种情态：一个是动态"共剪"，一个是语态"却话"。"共剪西窗烛"，具体细腻而又无限传神地描绘出了一幅良宵美景图，一个"共"字极写了亲昵之情态。而"何当"一词却又把诗人描绘的美景推向了远方，推向了虚处。这美景原来不过是诗人追念、向往的，至于何时重回温柔乡中，一切都在"未有期"中。这是多么残酷的事情，又是多么无奈的事情。这一句，字字含情，却又不着一个"情"字，表达非常含蓄。传情莫过于语言，"言为心声"，诗人想象夫妻二人团聚在一起，秉烛夜话，进行心灵的交流。"却话"是回溯追想，诗人此时设想彼时，而彼时正谈论此时，谈论的是巴山夜雨之时的思念之情。在这首短小的四句诗中两处出现"巴山夜雨"的字样，这种情况在一般的古诗中是绝少见的，形象、细腻、含蓄、深刻，是这首诗的艺术特色。

中元节

七夕过后没几天，就是农历七月十五，传统的中元节了。中国南方的大部分地区，民间都有过中元节的习俗。这段时间，大街小巷推着车卖香烛、纸钱、纸折的金银元宝的小贩随处可见。酷卡看见了不解地问龙儿："又要过清明节了吗？"

龙儿笑着摇摇头说："不是的，是七月半要到了。农历七月十五是一个传统的节日，在南方有的地区也有在七月十四过节的。这个节有的客家人叫做七月半，道教称为中元节，佛教称为盂兰盆节（简称盂兰节），民间俗称鬼节。"

"鬼节？给魔鬼过节吗？"酷卡吃惊地伸了伸舌头。

"不是的，其实称为鬼节，主要是指这个节日里祭拜的对象是家族里面已经去世的先人，要向先人们祭拜，烧纸钱，象征性地请他们回家吃饭，表示后人没有把他们忘记，在心里面永远记得他们。对于一个家庭，特别是大家庭而言，中元节是体现家族传承、培养家庭凝聚力的重要方式。在中国人民间的传统习俗里，中元节是个重大的祭祀祖先、普度众生的日子，家家户户都要隆重庆祝一番。2010年5月18日,中国文化部公布了第三批国家级非物质文化遗产名录推荐项目名单。香港特别行政区申报的'中元节（潮人盂兰盛会）'入选，列入了民俗项目类的非物质文化遗产。"

"哦，原来是这样啊，真是一个特别的节日呢。"

"是啊，中华民族的家族观念历来都是很强的，对祖先，对家里逝去的先人都怀有非常深刻的情感。"

"这个也是一种'孝'吧？"

"酷卡，你对中华文化的理解越来越深入了！说到孝啊，又想起好多经典的诗篇和名言呢，其中最有影响的莫过于《木兰辞》中的花木兰了。"

木兰辞

唧唧[1]复唧唧，木兰当户织。

不闻机杼声[2]，惟[3]闻女叹息。

问女何所思，问女何所忆。

女亦无所思，女亦无所忆。

昨夜见军帖[4]，可汗[5]大点兵，

军书十二卷[6]，卷卷有爷[7]名。

阿爷无大儿，木兰无长兄，

愿为市鞍马[8]，从此替爷征。

东市买骏马，西市买鞍鞯[9]，

南市买辔头[10]，北市买长鞭。

旦辞爷娘去，暮宿黄河边，

不闻爷娘唤女声，但闻黄河流水鸣溅溅[11]。

旦[12]辞黄河去，暮至黑山头，

不闻爷娘唤女声，但闻燕山胡骑[13]鸣啾啾[14]。

万里赴戎机[15]，关山度若飞[16]。

朔气传金柝[17]，寒光照铁衣。

将军百战死，壮士十年归。

归来见天子，天子坐明堂。

策勋十二转[18]，赏赐百千强[19]。

可汗问所欲[20]，木兰不用[21]尚书郎；

愿驰千里足[22]，送儿还故乡。

爷娘闻女来，出郭[23]相扶将[24]；

阿姊[25]闻妹来，当户理红妆[26]；

小弟闻姊来，磨刀霍霍[27]向猪羊。

开我东阁门，坐我西阁床，

脱我战时袍，著[28]我旧时裳，

当窗理云鬓[29]，对镜帖花黄[30]。

出门看伙伴，伙伴皆惊忙：

同行十二年，不知木兰是女郎。

雄兔脚扑朔，雌兔眼迷离[31]；

双兔傍地走，安能辨我是雄雌？

【注释】

〔1〕唧唧（jī jī）：织布机的声音。

〔2〕机杼（zhù）声：织布机发出的声音。机：指织布机。杼：织布梭（suō）子。

〔3〕惟：只。

〔4〕军帖：征兵的文书。

〔5〕可汗（kè hán）：古代西北地区民族对君主的称呼。

〔6〕军书十二卷：征兵的名册很多卷。十二，表示很多，不是确指。下文的"十年"、"十二年"，用法与此相同。

〔7〕爷：和下文的"阿爷"同，都指父亲。

〔8〕愿为市鞍马：为，为此。市，买。鞍马，泛指马和马具。

〔9〕鞯（jiān）：马鞍下的垫子。

〔10〕辔头：马笼头。辔（pèi）：驾驭牲口用的嚼子和缰绳。

〔11〕溅溅（jiān jiān）：浅浅，急水流动声。

〔12〕旦：早晨。

〔13〕胡骑（jì）：胡人的战马。胡，古代对北方少数民族的称呼。

〔14〕啾啾（jiū jiū）：马叫的声音。

〔15〕万里赴戎机：到万里之外参加战斗。戎机：军机，军事。

〔16〕关山度若飞：像飞一样地跨过一道道的关塞，越过一座座的山。度，越过。

〔17〕朔气传金柝：北方的寒气传送着打更的声音。朔，北方。金柝（tuò），古时军中守夜打更用的器具。

〔18〕策勋十二转：记很大的功。策勋，记功。十二转：不是确数，形容功大极高。

〔19〕赏赐百千强：赏赐很多的财物。百千：形容数量多。强，有余。

〔20〕问所欲：问（木兰）想要什么。

〔21〕不用：不愿做。

〔22〕愿驰千里足：希望骑上千里马。千里足：指善走远路。

〔23〕郭：外城。

〔24〕扶将：扶持。

〔25〕姊（zǐ）：姐姐。

〔26〕红妆（zhuāng）：指女子的艳丽装束。

〔27〕霍霍（huò huò）：磨刀的声音。

〔28〕著：穿。

〔29〕云鬓（bìn）：像云那样的鬓发，形容好看的头发。

〔30〕帖花黄：帖同"贴"。花黄，古代妇女的一种面部装饰物。

〔31〕雄兔脚扑朔，雌兔眼迷离：据说提着兔子的耳朵悬在半空时，雄兔两只前脚时时动弹，雌兔两只眼睛时常眯着，所以容易辨认。扑朔，动弹。迷离，眯着眼。

〔32〕双兔傍地走，安能辨我是雄雌：雄雌两兔一起并排着跑，怎能辨别哪个是雄兔，哪个是雌兔呢？傍地走：并排跑。

叹息声一声连着一声，木兰对着门在织布。却听不到任何织布的声音，只听见姑娘的叹息声。

问姑娘想的是什么，又在思念什么。我没有想什么，也没有思念什么。

【译文】 昨天晚上我看见征兵的文书，可汗正在大规模地征兵，征兵的名册有很多卷，每卷都有父亲的名字。父亲没有成年的儿子，木兰没有兄长，愿意为此去买鞍买马，愿替代父亲去当兵。

木兰到集市去买骏马、买马鞍和马鞍下面的垫子、买嚼环和缰绳、买鞭子。早上辞别父母上路，晚上宿营在黄河边，听不见父母呼唤女儿的声音，只能听到黄河溅溅的水流声。早上辞别黄河，晚上到达黑山头，听不见父母呼唤女儿的声音，只能听到燕山胡人的战马啾啾的嘶鸣声。

不远万里，奔赴战场，像飞一样地跨过一道道的关，越过一座座的山。北方的寒气传送着打更的声音，清冷的月光映照着战士们的铁甲战袍，将士们身经百战，有的壮烈牺牲，有的很多年后才回来。

胜利归来朝见天子，天子坐在殿堂上。木兰有很多的功劳，被赏赐了很多财物。天子问木兰想要什么，木兰不愿做尚书省的官，只希望骑一匹千里马，送木兰回故乡。

父母听说女儿回来了，互相搀扶着到外城迎接木兰；姐姐听说妹妹回来了，对着门户梳妆打扮起来；弟弟听说姐姐回来了，忙着霍霍地磨刀杀猪宰羊。打开我厢房的门，坐到床上，脱去我打仗时穿的战袍，穿上我以前女孩子的衣裳，对着窗子整理像云一样柔美的鬓发，对着镜子在额上贴好花黄。出门去见同去出征的伙伴，伙伴们都很吃惊，都说我们同行多年，竟然不知道木兰是女孩子。

雄兔两只脚时常腾空，雌兔时常眯着眼睛，两只兔子并排跑，谁能分辨是雌兔，雄兔呢？

读了《木兰辞》，酷卡满心都是对花木兰的崇拜，激动得说不出话来。

龙儿说道："其实《木兰辞》这首古诗并不是完全在讲孝道，主要的是给我们讲了木兰从军的故事，塑造了一个巾帼英雄花木兰的形象，这个勇敢又美丽的女子，是中华民族的骄傲！"

莲朵接着说道："酷卡，《论语》里面也有关于讲孝道的名言呢！"

子曰："事父母几谏，见志不从，又敬不违，劳而不怨。"

【释义】孔子说："侍奉父母，（如果他们有不对的地方）得轻微婉转地劝止，看到自己的心意没有被听从，仍然恭敬地不触犯他们，虽然忧愁，但不怨恨。"

看着酷卡认真领会的样子，龙儿继续说道："很多人认为孝就是要听话、要顺从，其实孝并不是要人们机械地服从，它还包含着更深层次的东西呢。有一点很重要，就是做子孙的要知道什么是善待自身，有道德，知道什么是好的、应该做的，什么是自己应该远离的。不一定要让父母或先祖大富大贵，但是起码不能让他们蒙羞啊。就算是祖先或者亲人离开我们了，当我们通过各种方式怀念他们、祭拜他们的时候，心里才是光明坦荡的。"

酷卡点点头说道："我明白了。"

白露时节，龙儿带着酷卡来到南京郊外的一座茶园，一路上"龙儿轻轻地哼唱着'碧草苍苍，白露茫茫，有位佳人，在水一方……'"

"龙儿你唱的是什么歌？这么好听？"

"我唱的是一千多年前的人唱的歌呢。"

酷卡不相信地瘪瘪嘴说："一千多年前的人唱的歌？不相信。"

莲朵听了咯咯笑着说："酷卡，这回可没逗你。这首《蒹葭》我也好喜欢呢，原诗是这样的，我来给你唱。"

诗经·国风·秦风

蒹葭（jiān jiā）苍苍[1]，白露为霜[2]。所谓[3]伊人[4]，在水一方[5]。
溯（sù）洄（huí）从之[6]，道阻[7]且长。溯游从之[8]，宛在水中央[9]。
蒹葭萋萋（qī）[10]，白露未晞（xī）[11]。所谓伊人，在水之湄[12]（méi）。
溯洄从之，道阻且跻（jī）[13]。溯游从之，宛在水中坻（chí）[14]。
蒹葭采采[15]，白露未已[16]。所谓伊人，在水之涘（sì）[17]。
溯洄从之，道阻且右[18]。溯游从之[19]，宛在水中沚（zhǐ）[20]。

【注释】

〔1〕苍苍：茂盛的样子。下文的"萋萋"、"采采"都与"苍苍"的意思相同。

〔2〕白露为霜：晶莹的露水变成霜。为，凝结成。

〔3〕所谓：所说，这里指所怀念的。

〔4〕伊人：这个人或那个人，指诗人所思念追寻的人。

〔5〕在水一方：在水的另一边，即水的对岸。方，边。

〔6〕溯洄从之：沿着弯曲的河边道路到上游去找伊人。溯洄，逆流而上。溯，通"溯"，逆着河流向上游走。洄，曲折盘旋的水道。从，跟随、追赶，这里指追求、寻找。之，这里指伊人。

〔7〕道阻：道路上障碍多，很难走。阻，险阻，道路难走。

〔8〕溯游从之：顺流而下寻找她。溯游，顺流而下。"游"通"流"，指直流的水道。

〔9〕宛在水中央：（那个人）仿佛在河的中间。意思是相距不远却无法到达。宛，宛然，好像。

〔10〕萋萋：（通"凄凄"）茂盛的样子。与下文"采采"义同。

〔11〕晞：干。

〔12〕湄：水和草交接的地方，指岸边。

〔13〕跻：升高，意思是地势越来越高，行走费力。

〔14〕坻：水中的沙洲。

〔15〕采采：茂盛的样子。

〔16〕未已：指露水尚未被阳光蒸发完毕。

〔17〕涘：水边。

〔18〕右：迂回，弯曲。

〔19〕之：代"伊人"。

〔20〕沚：水中的小块陆地。

【译文】

河畔芦苇碧色苍苍，深秋白露凝结成霜。
我那日思夜想的人，就在河水对岸一方。
逆流而上去追寻她，道路险阻而又漫长。
顺流而下寻寻觅觅，仿佛就在水的中央。
河畔芦苇一片茂盛，清晨露水尚未晒干。
我那魂牵梦绕的人，就在河水对岸一边。
逆流而上去追寻她，道路坎坷艰险难攀。
顺流而下寻寻觅觅，仿佛就在沙洲中间。
河畔芦苇更为繁茂，清晨白露依然逗留。
我那苦苦追求的人，就在河水对岸一头。
逆流而上去追寻她，道路险阻迂回难走。
顺流而下寻寻觅觅，仿佛就在水中沙洲。

小雅·采薇[1]

采薇采薇，薇亦作止[2]。曰[3]归曰归，岁亦莫[4]止。
靡室靡家[5]，猃(xiǎn)狁(yǔn)之故。不遑(huáng)[6]启居[7]，猃狁[8]之故。
采薇采薇，薇亦柔[9]止。曰归曰归，心亦忧(yōu)止。
忧心烈烈[10]，载(zài)饥载渴[11]。我戍[12]未定，靡使归聘(pìn)[13]。
采薇采薇，薇亦刚[14]止。曰归曰归，岁亦阳[15]止。
王事靡[16]盬(gǔ)[17]，不遑(huáng)启处[18]。忧心孔疚[19]，我行不来[20]！
彼尔维何？维常[21]之华。彼路斯何[22]？君子[23]之车。
戎车[24]既驾，四牡(mǔ)业业[25]。岂敢定居[26]？一月三捷[27]。
驾彼四牡，四牡骙骙[28](kuí)。君子所依，小人[29]所腓(féi)[30]。
四牡翼翼[31]，象弭(mǐ)鱼服[32]。岂不日戒[33]？猃狁孔棘(jí)[34]！
昔[35]我往[36]矣，杨柳依依[37]。今我来思[38]，雨(yù)[39]雪霏(fēi)霏[40]。
行道迟迟[41]，载渴载饥。我心伤悲，莫知我哀！

【注释】

〔1〕薇：野豌豆苗，可食。

〔2〕作：生，指初生。止，语末助词。

〔3〕曰：言、说。一说为语首助词，无实意。

〔4〕莫：通"暮"，本文指年末。

〔5〕靡(mǐ)室靡家：没有正常的家庭生活。室：与"家"义同。

〔6〕不遑(huáng)：不暇。遑，闲暇。

〔7〕启居：跪、坐，指休息、休整。启：跪，危坐。居：安坐，安居。

〔8〕猃(xiǎn)狁(yǔn)：中国古代民族名。

〔9〕柔：柔嫩。"柔"比"作"更进一步生长。

〔10〕烈烈：炽烈，形容忧心如焚。

〔11〕载(zài)饥载渴：即饥又渴。载……载……，即又……又……。

〔12〕戍(shù)：防守，这里指防守的地点。

〔13〕聘(pìn)：问，谓问候。

〔14〕刚：坚硬。

〔15〕阳：十月为阳。今犹言"十月小阳春"。

〔16〕靡：无。

〔17〕盬(gǔ)：止息，了结。

〔18〕启处：休整，休息。

〔19〕孔：甚，很。疚：病，苦痛。

〔20〕我行不来：我回不了家。来，同"勑"，回家。

〔21〕常：常棣(棠棣)，植物名。

〔22〕路：假作"辂"，大车。斯何，犹言维何。

〔23〕君子：指将帅。

〔24〕戎（róng）车：兵车。

〔25〕牡（mǔ）：雄马。业业：壮大的样子。

〔26〕定居：犹言安居。

〔27〕捷：胜利。谓接战、交战。一说，捷，邪出，指改道行军。此句意谓，一月多次行军。

〔28〕骙（kuí）：雄强，威武。这里的骙骙是指马强壮的意思。

〔29〕小人：指士兵。

〔30〕腓（féi）：庇，掩护。

〔31〕翼翼：行列整齐的样子，指训练有素。

〔32〕弭（mǐ）：弓的一种，其两端饰以骨角。象弭：以象牙装饰弓端的弭。鱼服：鱼皮制的箭袋。

〔33〕日戒：日日警惕戒备。

〔34〕棘（jí）：急。孔棘：很紧急。

〔35〕昔：指出征时。

〔36〕往：当初从军。

〔37〕依依：树枝柔弱，随风飘拂的样子。

〔38〕思：语末助词。

〔39〕雨：音同"玉"，为"下"的意思。

〔40〕霏（fēi）霏：雪大貌。

〔41〕迟迟：缓慢。

【译文】

采薇采薇一把把，薇菜新芽已长大。说回家呀道回家，眼看一年又完啦。有家等于没有家，为跟狁去厮杀。没有空闲来坐下，为跟狁来厮杀。

采薇采薇一把把，薇菜柔嫩初发芽。说回家呀道回家，心里忧闷多牵挂。满腔愁绪火辣辣，又饥又渴真苦煞。驻守营地不固定，书信托谁捎回家！

采薇采薇一把把，薇菜茎叶已变粗硬。说回家呀道回家，转眼十月又到啦。王室差事没个罢，想要休息没闲暇。满怀忧愁太痛苦，生怕从此不回家。

什么花儿开得盛？棠棣花开密层层。什么车儿高又大？高大战车将军乘。驾起兵车要出战，四匹壮马齐奔腾。边地怎敢图安居？一月要争几回胜！

驾起四匹大公马，马儿雄骏高又大。将军威武倚车立，兵士掩护也靠它。四匹马儿多齐整，鱼皮箭袋雕弓挂。哪有一天不戒备，军情紧急不卸甲！

回想当初出征时，杨柳依依随风吹；如今回来路途中，大雪纷纷满天飞。道路泥泞难行走，又渴又饥真劳累。满心伤感满腔悲。我的哀痛谁体会！

国风·魏风·硕鼠

硕鼠[1]硕鼠，无食我黍！三岁贯女[2]，莫我肯顾。
逝将去女[3]，适彼乐土。乐土乐土，爰得我所[4]。
硕鼠硕鼠，无食我麦！三岁贯女，莫我肯德[5]。
逝将去女，适彼乐国。乐国乐国，爰得我直[6]。
硕鼠硕鼠，无食我苗！三岁贯女，莫我肯劳[7]。
逝将去女，适彼乐郊。乐郊乐郊，谁之永号[8]？

〔1〕硕鼠：鼫鼠，又名田鼠，这里用来比剥削无厌的统治者。
〔2〕贯：侍奉。"三岁贯女"就是说侍奉你多年。三岁言其久，女，通"汝"，你，这里指统治者。
【注释】　〔3〕"逝"：读为"誓"。"去女"：离去。
〔4〕爰：犹乃。所：指可以安居之处。
〔5〕德：表示感谢。
〔6〕直：通假字，通"值"。得我直，就是说使我的劳动得到相当的代价。
〔7〕劳：慰问。
〔8〕之：尤其，表示诘问语气。永号：长叹。末二句言既到乐郊，就再不会有悲愤，谁还长吁短叹呢？

【译文】　大老鼠呀大老鼠，不要吃我种的黍！多年辛苦养活你，我的生活你不顾。发誓从此离开你，到那理想新乐土。新乐土呀新乐土，才是安居好去处！

大老鼠呀大老鼠，不要吃我大麦粒！多年辛苦养活你，拼死拼活谁感激。发誓从此离开你，到那理想新乐邑。新乐邑呀新乐邑，劳动价值归自己！

大老鼠呀大老鼠，不要吃我种的苗！多年辛苦养活你，流血流汗谁慰劳。发誓从此离开你，到那理想新乐郊。新乐郊呀新乐郊，有谁去过徒长叹！

唱的内容酷卡没听懂，只是觉得好听，所以一直安静地听着。等莲朵唱完了，酷卡赶紧问道："莲朵你唱的是不是《诗经》啊？"

龙儿吃惊地瞪大了眼睛说："你怎么知道？"

"哈，我是猜的，听你们唱的全是四个字一句的。"

"酷卡太聪明了！这些是《诗经》里的几首。"

"蒹葭苍苍，白露为霜。多美啊。白露也是24节气之一。这段时间气温开始下降，天气转凉，所以早上起来的时候小草、树叶上就会有露水。像鸿雁这些怕冷的候鸟就要开始迁徙到南方去避寒了，百鸟开始贮存干果粮食以备过冬。白露是天气转凉的象征哦，酷卡的身体不会再出那么多水了。"

有一首白露时节的农谚这样说的：

> 白露秋分夜，一夜凉一夜。
>
> 草上露水凝，天气一定晴。
>
> 草上露水大，当日准不下。
>
> 夜晚露水狂，来日毒太阳。
>
> 喝了白露水，蚊子闭了嘴。

"原来这样啊，我以为树叶的身体也和我一样会出水呢，哈哈。对了龙儿，我突然想起来，你给我看的《红楼梦》里面，还有收集露水来泡茶的，就是这个！当时我全没弄懂是什么东西呢。收集这个珍珠一样的露水看起来很麻烦耶，那个'茶'要用这么麻烦的东西来泡吗？"

"也不全是，泡茶的水有很多种，山泉、井水、河水都可以，你要是嫌麻烦，用自来水也是可以的。酷卡，我知道有一种风靡整个地球的饮料，想不想尝尝？"

"当然想啊，是什么？"

看见酷卡的好奇心被高高吊起，龙儿故意装出一副神秘的样子慢慢地说道："这种饮料啊，很神奇呢。"

根据找到的大量实物证据和文史资料显示，在世界上其他地方饮茶的习惯都是从中国传过去的。所以人们普遍认同饮茶就是中国人首创的，世界上其他地方的饮茶习惯、种植茶叶的习惯都是直接或间接地从中国传过去的。根据可靠的考古发现，中国才是饮茶的真正发源地。中国当然也有野生大茶树，而且年代更为久远。在浙江余姚田螺山遗址就出土了6000年前的古茶树，按照英国人的逻辑，浙江的发源地身份就更加可信了。现在中国的野生大茶树集中在云南等地，其中也包含了甘肃、湖南的个别地区。茶树是一种很古老的双子叶植物，与人们的生活密切相关。茶树叶子制成茶叶，泡水后饮用，有强心、利尿的功效。所以这种饮料从古至今都非常地为人们所推崇。

果然，酷卡经不起龙儿的"忽悠"，着急地跳起来说："我要喝这种神奇的饮料，在哪儿能喝到它？"

"呵呵呵，酷卡你别着急嘛。"龙儿一边说一边指向茶园，"你看，这就是种植茶树的茶园，那些神奇的'树叶子'，就是从这些矮矮的小树上采摘下来的。今天咱们来得正是时候，可以尝到老南京人钟爱的'白露茶'。这个时候的茶树经过夏季的酷热，白露前后正是它生长的极好时期。白露茶既不像春茶那样鲜嫩，不经泡，也不像夏茶那样干涩味苦，而是有一种独特甘醇清香味，特别受老茶客的喜爱。春天的茶在家中存放到现在，也喝得差不多了，白露茶正好接上。"

"太好了，我们快去吧！"

在茶园旁边的小茶铺里，龙儿和酷卡一边喝着清香的白露茶，一边小口地品尝着南京的松仁酥。龙儿随口吟唱着：

尝 茶

（唐）刘禹锡

生拍芳丛鹰觜芽，老郎封寄谪仙家。
今宵更有湘江月，照出霏霏满碗花。

即 目

（唐）李商隐

小鼎煎茶面曲池，白须道士竹间棋。
何人书破蒲葵扇，记著南塘移树时。

酬乐天闲卧见寄

（唐）刘禹锡

散诞向阳眠，将闲敌地仙。
诗情茶助爽，药力酒能宣。
风碎竹间日，露明池底天。
同年未同隐，缘欠买山钱。

中秋节

仲秋的夜，习习的凉风把院子里桂花的香味不时地送到鼻子里，只是当你想"使劲"吸上一口的时候，它那馥郁的芳香又不知道飘到哪里去了。

吃过晚饭，酷卡正准备出门找隔壁的狗狗玩，龙儿一边卷着袖子，一边叫住他："酷卡，快，你去抬桌子，我来拿面粉和调料。"莲朵在一边不停地指挥着："龙儿，干果要多拿几个品种，油要多一些。酷卡，桌上的面板要仔细地擦干净哦。"

酷卡擦着头上的汗不解地问："龙儿，咱们这么忙活是要做什么呀？"

"做月饼呀。"

"月饼？"

龙儿一边揉面，一边说："酷卡以前没吃过月饼吧？月饼只是我们中国人才有的。"

"我知道了，一定是要过节了！"

莲朵忍不住赞叹："酷卡太聪明了！"

"是啊，元宵节要吃元宵，端午节要吃粽子，这……是月亮节吗？"

"不是月亮节，不过这个节日真和月亮分不开呢。莲朵你来告诉酷卡，我还要抓紧和面呢。"

莲朵慢悠悠地说道："明天是农历的八月十五，是我们非常重要的传统节日——中秋节。春节、清明节、端午节酷卡你都过了，加上中秋节就是汉族的四大传统节日，中秋节是仅次于春节的第二大节日。"

"你说这个节日和月亮这个星球有关系？"

"是啊，在中国人的心里，月亮有着非常特别的意义和地位。古人对太阳、月亮这些星球都有很深的崇拜，感觉它们有很神秘的力量，古代的帝王就有春天祭日、秋天祭月的礼制。根据史书记载，古代帝王祭月的时间在农历的八月十五，恰逢三秋之半，所以叫'中秋节'也叫'八月节'。还因为这个节日有祈求团圆的信仰和相关习俗的活动，又叫'团圆节'。因为中秋节的主要活动都是围绕月亮进行的，又俗称'月节'、'拜月节'，所以酷卡说'月亮节'也是对的。在唐朝初年，中秋节成为固定的节日。从宋朝开始，中秋节盛行起来。到明代、清代的时候，就与元旦齐名，成为我国的主要节日了。"

　　"现在在人们的心里，中秋节还是和原来一样重要吗？"

　　"那当然了！2006年5月20日，国务院批准中秋节列入第一批国家非物质文化遗产名录。从2008年起，中秋节就被国务院列为国家的法定节假日了。"

　　酷卡看见龙儿在揉好的面团里装上各种干果和馅糖包好，放在一个圆形的木头模具里，翻过来成了个圆圆的饼，周围有纹路，上面还有花纹和字。

　　"这就是月饼吧？"

　　"对。可惜现在面饼是生的，拿到厨房去烤熟就能吃了。酷卡你等着，一会香喷喷的月饼就出来了！"龙儿说着乐颠颠地跑到厨房去了。

　　"莲朵，这月饼的样子真像是圆圆的月亮呢。有没有弯弯的月亮饼呢？"

　　"月饼都要做成圆圆的样子，正是因为月亮的样子有时候圆圆有时候不圆，人们感觉好像生命中有悲欢离合，所以月饼一定要做成圆圆的，象征着团圆。"

　　有一首说月亮的儿歌：

月姐姐

月姐姐，多变化，初一二，黑麻麻，

初三四，银钩样，初八九，似龙牙，

十一二，半边瓜，十五银盘高高挂。

中秋月，净无瑕，圆如镜子照我家。

打麦场边屋檐下，照着地上小娃娃。

娃娃牵手同玩耍，转个圈儿眼昏花，

一不留神摔地下，连声喊痛叫妈妈。

云里月姐说他傻，引得大家笑哈哈。

"是啊，因为中秋节是全家团圆的日子，所以人们都要吃月饼。这个月饼啊，又叫胡饼、月团、团圆饼，本来是古代中秋祭拜月神的供品，后来人们逐渐把中秋赏月与品尝月饼，作为家人团圆、美满、甜蜜的象征，慢慢的，月饼也就成了节日的必备食品。《西湖游览志》称：'民间以月饼相馈，取团圆之义。'中国人的家庭观念很重，喜欢一家人其乐融融地享受天伦之乐。在古代，没有电话、没有网络、没有飞机、没有汽车和火车，交通不发达，从一个地方到另一个地方不像现在这么容易。那些到边塞去打仗的士兵更是，回家一次非常非常不容易。所以，思念亲人、思念家乡的感受比现代人要深刻得多。因此也产生了很多这方面的诗词、文章。"

月夜忆舍弟[1]

（唐）杜甫

戍鼓[2]断人行[3]，边秋[4]一雁声。

露从今夜白[5]，月是故乡明。

有弟皆分散，无家问死生[6]。

寄书长[7]不达[8]，况乃[9]未休兵[10]。

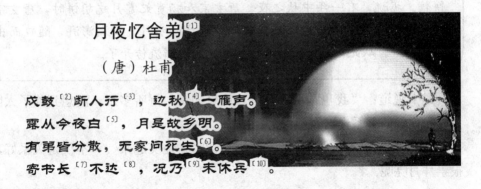

【注释】

〔1〕舍弟：谦称自己的弟弟。

〔2〕戍鼓：戍楼上的更鼓。

〔3〕断人行：指鼓声响起后，就开始宵禁。

〔4〕秋边：一作"边秋"，秋天的边地，边塞的秋天。

〔5〕露从今夜白：指在气节"白露"的一个夜晚。

〔6〕有弟皆分散，无家问死生：弟兄分散，家园无存，互相间都无从得知死生的消息。

〔7〕长：一直，老是。

〔8〕达：到。

〔9〕况乃：何况是。

〔10〕未休兵：战争还没有结束。

【译文】 戍楼上的更鼓声隔断了人们的来往，边塞的秋天里，一只孤雁在鸣叫。从今夜就进入了白露节气，月亮还是故乡的最明亮。有兄弟却都分散了，没有家无法探问生死。寄的家书常常不能送到，何况战乱频繁没有停止。

宋代大文豪苏东坡以"小饼如嚼月，中有酥和饴"来赞誉月饼。月饼，最初起源于唐朝军队庆祝胜利的食品。唐高祖年间，大将军李靖征讨匈奴得胜，八月十五凯旋。当时有个经商的吐鲁番人向唐朝皇帝献饼祝捷。高祖李渊接过华丽的饼盒，拿出圆饼，笑指空中明月说："应将胡饼邀蟾蜍"。说完把饼分给群臣一起吃。唐代，民间已有从事生产的饼师，京城长安也开始出现糕饼铺。据说，有一年中秋之夜，唐玄宗和杨贵妃赏月吃胡饼时，唐玄宗嫌"胡饼"名字不好听，杨贵妃仰望皎洁的明月，心潮澎湃，随口而出"月饼"，从此"月饼"的名称便在民间逐渐流传开了。

酷卡说道："我也觉得'月饼'比'胡饼'好听多了。没想到除了太阳，月亮和你们的关系也这么好。"

龙儿从厨房回来，听到酷卡的这句话咯咯地笑起来。"不仅是关系好，是很崇拜月亮呢。"

龙儿接着解释道："赏月的风俗来源于祭月，后来，严肃的祭祀变成了轻松的欢娱，成了中华民族的一种传统文化。中秋是世俗欢娱的节日：'中秋节前，诸店皆卖新酒，贵家结饰台榭，民家争占酒楼玩月，笙歌远闻千里，嬉戏连坐至晓。'从唐代开始，中秋赏月、玩月颇为盛行，许多诗人的名篇中都有咏月的诗句。有一个神话传说最为大家津津乐道。相传唐玄宗与申天师及道士鸿都中秋赏月，突然玄宗兴起游月宫之念，于是天师作法，三人一起步上青云，漫游月宫。但宫前守卫森严，无法进入，只能在外面俯瞰长安皇城。这个时候，忽闻仙声阵阵，清丽奇绝，婉转动人！唐玄宗精通音律，于是默记心中。这正是'此曲只应天上有，人间能得几回闻！'后来玄宗回忆月宫仙娥的音乐歌声，自己又谱曲编舞，这就是历史上有名的'霓裳羽衣曲'"。

月亮的阴晴圆缺让人联想自己的命运和生活，影响着人们的心情。月宫、嫦娥的传说故事激发起人们的无限想象。历朝历代的大诗人都很喜欢吟咏、写作和月亮有关系的诗，有的诗成为千古流传的名篇，月亮的"名气"就越来越大了。其中最有名的就是宋代苏轼的《水调歌头》。

水调歌头

（宋）苏　轼

丙辰中秋，欢饮达旦。大醉，作此篇，兼怀子由。

明月几时有？把酒[1]问青天。不知天上宫阙[2]，今夕是何年[3]？我欲乘风归去[4]，又恐琼楼玉宇[5]，高处不胜[6]寒！起舞弄清影[7]，何似[8]在人间！

转朱阁[9]，低绮户[10]，照无眠[11]。不应有恨，何事[12]长向别时圆[13]？人有悲欢离合，月有阴晴圆缺，此事古难全。但愿人长久，千里共婵娟[14]。

【注释】

〔1〕把酒：端起酒杯。

〔2〕宫阙：宫殿。

〔3〕今夕是何年：古代神话传说，天上只三日，世间已千年。古人认为天上神仙世界年月的编排与人间是不相同的。所以作者有此一问。

〔4〕乘风归去：驾着风，回到天上去。作者在这里浪漫地认为自己是下凡的神仙。

〔5〕琼楼玉宇：美玉砌成的楼宇。指想象中的宫殿。

〔6〕不胜：经受不住。

〔7〕弄清影：意思是月光下的身影也跟着做出各种舞姿。

〔8〕何似：哪里比得上。

〔9〕朱阁：朱红色的楼阁。

〔10〕绮户：刻有纹饰门窗。

〔11〕照无眠：照着没有睡意的人（指诗人自己）。

〔12〕何事：为什么。

〔13〕长：总是、在的意思。

〔14〕婵娟：美丽的月光，代指月亮。

【注释】

丙辰年的中秋节，高兴地喝酒（直）到（第二天）早晨，（喝到）大醉，写了这首（词），同时怀念（弟弟）子由。

明月从何时才有？手持酒杯来询问青天。不知道天上宫殿，今天晚上是哪年。我想要乘御清风归返，又恐怕返回月宫的美玉做成的楼宇受不住高耸九天的冷落、风寒。起舞翩翩玩赏着月下清影，归返月宫怎比得上在人间。

明月转过朱红色的楼阁，低低地挂在雕花的窗户上，照着没有睡意的人（指诗人自己）。明月不该对人们有什么怨恨吧，却为何总在亲人离别时候才圆？人有悲欢离合的变迁，月有阴晴圆缺的转换，这种事自古来难以周全。但愿离人能平安健康，虽然相隔千里，也能共享这月色的明媚皎然。

望月有怀

（唐）李 白

清泉映疏松，不知几千古？
寒月摇轻波，流光入窗户。
对此空长吟，思君意何深！
无因见安道，兴尽愁人心。

【赏析】

"清泉映疏松"，此句不唯写泉与松，月光也在其中。有月在天，方可知泉"清"、松"疏"，方有一个"映"字。"不知几千古"，此句不唯写出诗人思绪万千，亦写出诗人独立的身姿。"寒月摇轻波，流光入窗户。"目光由远及近，由外及于内，由风景转入心境。"对此空长吟，思君意何深！"情因月起，意由情发。诗意满怀，故为"长吟"。然有佳作岂可无人欣赏、倾听？故思知音之意甚深。"无因见安道，兴尽愁人心。"怀君而终不得见君，意兴阑珊，愁苦渐来。

春江花月夜

（唐）张若虚

春江潮水连海平，海上明月共潮生。
滟滟[1]随波千万里，何处春江无月明。
江流宛转绕芳甸[2]，月照花林皆似霰[3]；
空里流霜[4]不觉飞，汀[5]上白沙看不见。

江天一色无纤尘[6]，皎皎空中孤月轮[7]。

江畔何人初见月？江月何年初照人？

人生代代无穷已[8]，江月年年望相似。

不知江月待何人，但见[9]长江送流水。

白云一片去悠悠[10]，青枫浦[11]上不胜愁。

谁家今夜扁舟[12]子？何处相思明月楼[13]？

可怜楼上月徘徊[14]，应照离人妆镜台[15]。

玉户[16]帘中卷不去，捣衣砧[17]上拂还来。

此时相望不相闻[18]，愿逐[19]月华[20]流照君。

鸿雁长飞光不度，鱼龙潜跃水成文[21]。

昨夜闲潭[22]梦落花，可怜春半不还家。

江水流春去欲尽，江潭落月复西斜。

斜月沉沉藏海雾，碣石潇湘[23]无限路[24]。

不知乘月[25]几人归，落月摇情[26]满江树。

【注释】

〔1〕滟（yàn）滟：波光闪动的光彩。

〔2〕芳甸（diàn）：遍生花草的原野。

〔3〕霰（xiàn）：雪珠，小冰粒。

〔4〕流霜：飞霜，古人以为霜和雪一样，是从空中落下来的，所以叫流霜。这里比喻月光皎洁，月色朦胧、流荡，所以不觉得有霜霰飞扬。

〔5〕汀（tīng）：水中的空地。

〔6〕纤尘：微细的灰尘。

〔7〕月轮：指月亮，因月圆时像车轮，故称月轮。

〔8〕穷已：穷尽。

〔9〕但见：只见、仅见。

〔10〕悠悠：渺茫、深远。

〔11〕青枫浦：地名，今湖南浏阳县境内有青枫浦。这里泛指游子所在的地方。

〔12〕扁舟：孤舟，小船。

〔13〕明月楼：月夜下的闺楼。这里指闺中思妇。

〔14〕月徘徊：指月光移动。

〔15〕妆镜台：梳妆台。

〔16〕玉户：形容楼阁华丽，以玉石镶嵌。

〔17〕捣衣砧（zhēn）：捣衣石、捶布石。

〔18〕相闻：互通音信。

〔19〕逐：跟从、跟随。

〔20〕月华：月光。

〔21〕文：同"纹"。

〔22〕闲潭：安静的水潭。

〔23〕潇湘：湘江与潇水。

〔24〕无限路：言离人相去很远。

〔25〕乘月：趁着月光。

〔26〕摇情：激荡情思，犹言牵情。

【译文】

　　春天的江潮水势浩荡，与大海连成一片，一轮明月从海上升起，好像与潮水一起涌出来。

　　月光照耀着春江，随着波浪闪耀千万里，什么地方的春江没有明亮的月光。

　　江水曲曲折折地绕着花草丛生的原野流淌，月光照射着开遍鲜花的树林好像细密的雪珠在闪烁。

　　月色如霜，所以霜飞无从觉察。洲上的白沙和月色融合在一起，看不分明。

　　江水、天空成一色，没有一点微小灰尘，明亮的天空中只有一轮孤月高悬空中。

　　江边上什么人最初看见月亮，江上的月亮哪一年最初照耀着人？

　　人生一代代地无穷无尽，只有江上的月亮一年年地总是相像。

　　不知江上的月亮照耀着什么人，只见长江不断地输送着流水。

　　游子像一片白云缓缓地离去，只剩下思妇站在离别的青枫浦不胜忧愁。

　　哪家的游子今晚坐着小船在漂流？什么地方有人在明月照耀的楼上相思？

　　可怜楼上不停移动的月光，应该照耀着离人的梳妆台。

　　月光照进思妇的门帘，卷不走，照在她的捣衣砧上，拂不掉。

　　这时互相望着月亮可是互相听不到声音，我希望随着月光流去照耀着您。

　　鸿雁不停地飞翔，而不能飞出无边的月光；月照江面，鱼龙在水中跳跃，激起阵阵波纹。

昨天晚上梦见花朵落在幽静的水潭上，可怜春天过了一半还不能回家。

江水带着春光将要流尽，水潭上的月亮又要西落。

斜月慢慢下沉，藏在海雾里，碣石与潇湘的离人距离无限遥远。

不知有几人能乘着月光回家，只有那西落的月亮摇荡着离情，洒满了江边的树林。

嫦　娥[1]

（唐）李商隐

云母屏风[2]烛影深，长河渐落晓星沉[3]。

嫦娥应悔偷灵药，碧海[4]青天夜夜心。

【注释】

〔1〕嫦娥：古代神话中的月中仙女。《淮南子·览冥训》："羿请不死之药于西王母，恒娥窃以奔月。"恒：又作"姮"。

〔2〕云母屏风：嵌着云母石的屏风。是说嫦娥在月宫居室中独处，夜晚，唯烛影和屏风相伴。

〔3〕长河：银河。

〔4〕碧海：《十洲记》："扶桑在东海之东岸，岸直，陆行登岸一万里，东复有碧海，海阔狭浩汗，与东海等，水既不咸苦，正作碧色。"

【译文】

云母屏风染上一层浓浓的烛影，

银河逐渐斜落启明星也已下沉。

嫦娥想必悔恨当初偷吃不死药，

如今独处碧海青天而夜夜寒心。

望月怀远

（唐）张九龄

海上生明月，天涯共此时。

情人怨遥夜，竟夕起相思。

灭烛怜光满，披衣觉露滋。

不堪盈手赠，还（huán）寝梦佳期。

读了这么多的美好的诗歌，酷卡感动地说："月亮原来是一个这么有魔力的星球啊！它可以让你们写出这么多美丽的诗篇。龙儿、莲朵，我们仙女星系的星球也是非常美丽的，如果你们有机会看到它们的话，一定能够写出更多更好的诗歌。"

龙儿说道："这个我们相信，真想到酷卡的家乡去看看啊。"

"酷卡，送给你一个兔儿爷，回家的时候带上吧。"莲朵变出一个雪白漂亮的兔儿爷给酷卡。"这个小东西是中秋节小孩子的必备玩具呢。兔儿爷的起源大约在明朝末年，是一种主要由竹子和纸制作的动物形状，有的里面还可以点上蜡烛照明。到了清朝，兔儿爷的功能已由祭祀月亮的祭品转变为儿童的中秋节玩具。制作也越来越精致，有扮成武将头戴盔甲、身披战袍的；也有背插纸旗或纸伞、或坐或立；也有扮成兔首人身的小商贩，或是剃头的师父，或是缝鞋、卖馄饨、茶汤的，多种多样。"

龙儿说道："除了中国，日本、韩国、马来西亚、菲律宾等国家的人也过中秋节呢。日本人中秋节不吃月饼，但他们同样有赏月的习俗，在日语里称为'月见'。日本的赏月习俗来源于中国，在1000多年前传到日本后，当地开始出现边赏月边举行宴会的风俗习惯，被称为'观月宴'。"

重阳节

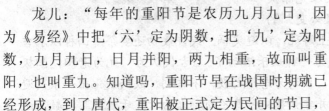

酷卡，我们去采茱萸吧，今天可是重阳节。

重阳节？我还没听过这个节日呢？为什么要采茱萸呢？

龙儿："每年的重阳节是农历九月九日，因为《易经》中把'六'定为阴数，把'九'定为阳数，九月九日，日月并阳，两九相重，故而叫重阳，也叫重九。知道吗，重阳节早在战国时期就已经形成，到了唐代，重阳被正式定为民间的节日，此后历朝历代沿袭至今。茱萸是一种可以做中药的果实，也是一种常绿小乔木，树几乎可以长到一丈多高，叶为羽状复叶，初夏开绿白色的小花，结实似椒子，秋后成熟。果实嫩时呈黄色，成熟后变成紫红色，有温中、止痛、理气等功效。茱萸叶还可治霍乱，根可以杀虫。《本草纲目》说它气味辛辣芳香，性温热，可以治寒驱毒。古人认为佩戴茱萸，可以辟邪去灾，所以茱萸雅号'辟邪翁'，在重阳节，人们有佩茱萸的风俗，因此重阳节又被称为'茱萸节'。"

酷卡："原来是这样，那茱萸也分给我一点吧，我要入乡随俗。"

龙儿："重阳节还被称为登高节。因为金秋九月，天高气爽，这个季节登高远望可达到心旷神怡、健身祛病的目的。和登高相联系的有吃重阳糕的风俗。高和糕谐音，作为节日食品，最早是庆祝秋粮丰收、喜尝新粮的用意，之后民间才有了登高吃糕，取步步登高的吉祥之意。关于登高，还有不少有趣的事情呢！"

早在西汉，《长安志》中就有汉代京城九月九日人们游玩观景之记载。在东晋时，有著名的"龙山落帽"故事。据《晋书》中《孟嘉传》载，九月重阳这天，晋朝大司马桓温及参军大将孟嘉等人登上龙山(今湖北江陵县西北的一座山)，孟嘉观赏山景，连帽被风吹走也不知道。桓温叫人作文笑他，他也不示弱，作文答辩，一时传为佳话。而关于登高习俗的起源，有不同的说法：

一说可能源于古代对山神的崇拜，认为山神能使人免除灾害。所以人们在"阳极必变"的重阳日子里，要前往山上游玩，以避灾祸。或许最初还要祭拜山神以求吉祥，后来才逐渐转化成为一种娱乐活动了。(古代认为"九为老阳，阳极必变"，九月九日，月、日均为老阳之数，不吉利。故而衍化出一系列避不祥、求长寿的活动，并非如魏文帝曹丕所称九为"宜于长久"之数。这是明代谢肇淛《五杂俎》中的看法。

一说重阳时节，秋收已经完毕，农事相对比较空闲。这时山野里的野果、药材之类又正是成熟的季节，农民纷纷上山采集野果、药材和供副业用的植物原料。农民们把这种上山采集它叫做"小秋收"。登高的风俗最初可能就是从此演变而来的。至于集中到重阳这一天则是后来的事。那意思是以此作为一种象征，起点提倡作用，正像春天宜于植树，人们就定个植树节的道理一样。此外重阳节期间天气晴朗，气温凉爽，适宜于登高望远。

龙儿："因为登高，古人也常常忧思萌发，想念故土，想念家乡……"

酷卡："这可真有意思，我喜欢重阳节！"

龙儿："关于重阳节的典故太多了，还有重阳节也叫菊花节，因为菊是长寿之花，被称为'九花'，又名'延寿客'。所以重阳节时人们都喜欢佩戴菊花。还有由于九月初九'九九'谐音是'久久'，有长久之意，所以常在此日祭祖与推行敬老活动。重阳节与除、清、孟三节也是中国传统节日里祭祖的四大节日。嗨，典故太多了，这样吧，让我们一起去感受……"

过故人庄

（唐）孟浩然

故人具鸡黍，邀我至田家。

绿树村边合，青山郭外斜。

开轩面场圃，把酒话桑麻。

待到重阳日，还来就菊花。

【赏析】
全诗的意思是：老友准备好了丰盛的饭菜，邀请我到他的田舍做客。村外绿树环绕，青山在村子周围横亘着。打开面对打谷场和菜园的窗子，一边拿着酒杯对饮一边畅谈今年庄稼的收成。等到九月重阳节的那一天，我一定要来饮酒欣赏菊花。

这首诗是作者隐居鹿门山时到一位山村友人家做客所写。一、二句从应邀写起，"故人"说明不是第一次做客。三、四句是描写山村风光的名句，绿树环绕，青山横斜，犹如一幅清淡的水墨画。五、六句写山村生活情趣。面对场院菜圃，把酒谈论庄稼，亲切自然，富有生活气息。结尾两句以重阳节还来相聚写出友情之深，言有尽而意无穷。全诗描绘了美丽的山村风光和平静的田园生活，语言朴实清新，意境鲜明，富有浓厚的生活气息，从而成为自唐代以来田园诗中的佳作。

酷卡："'待到重阳日，还来就菊花'，这是一首重阳节的诗篇吧？"

龙儿："是啊，这是一首田园诗，诗人和朋友相约等待重阳佳节，再来相聚共赏菊花，可见重阳节的风俗自古就有。"

酷卡："还有哪些诗篇和重阳节有关呢？"

龙儿："可多了，让我们一首一首，细细品味吧……"

九月九日忆山东兄弟

（唐）王 维

独在异乡为异客，

每逢佳节倍思亲。

遥知兄弟登高处，

遍插茱萸少一人。

【赏析】　全诗意思是：我在异乡的时候，每遇到佳节良辰时总会思念起家乡。早早就想到今天是重阳节，兄弟们要登高望远，他们在佩戴茱萸时，发现少了我一人。

王维家居蒲州（今山西永济），在华山之东，所以题称"忆山东兄弟"。写这首诗时他正在长安谋取功名。繁华的帝都对当时热衷仕途的年轻士子虽有很大吸引力，但对一个少年游子来说，毕竟是举目无亲的"异乡"；而且越是繁华热闹，在茫茫人海中的游子就越显得孤独无亲。这首诗中，"独在异乡"，暗写了孤独寂寞的环境，对于初次离家的少年来说，对这种环境特别敏感。"异客"则更强调了游子在异乡举目无亲的生疏清冷的感受。用"独"和两个"异"字组在一句诗里，大大加深了主观感受的程度。第二句"每逢佳节倍思亲"是前面情绪的合理发展，说明平常已有思亲之苦，而到节日，这思念就愈加转深和增强了。"倍"字用得极妙，是联系上下两句情绪之间的关键。这两句构成全诗的一个层次，从抒发主人公自我的主观感受来表现思亲之情。

蜀中九日

（唐）王 勃

九月九日望乡台，他席他乡送客杯。
人情已厌南中苦，鸿雁那从北地来？

【赏析】 全诗的意思是：农历九月初九登上望乡台，身处他乡设席送客人离开，举杯之际分外愁。心中已经厌倦了南方客居的各种愁苦，却奈痴情的鸿雁在此时从我的家乡翩翩飞来。

这首诗作于王勃南游巴蜀之时，这首诗在语言上运用了日常口语，如"他席他乡"、"那从"等，显得浅近亲切。手法上第三句"人情已厌南中苦"直抒胸中之苦，独在南方思念亲人然而却不能北归，而第四句则采用反问"鸿雁那从北地来"，与前一句形成强烈的对比，运用了"无理而妙"的写作手法，虽然看似"无理之问"，却使诗人的思亲之情显得特别真切动人。前人在评价这首诗时说："'人情已厌南中苦，鸿雁那从北地来'，读之，初似常语，久而自知其妙。"这两句的确很妙，因为借诗抒发了佳节思亲的感情，九日登高，遥望故乡，客中送客，愁思倍加，忽见一对鸿雁从北方飞来，不禁脱口而问："我想北归不得，你为何还要南来。"形成强烈对比，把思乡的愁绪推到高峰。问得虽然无理，却烘托了感情的真挚，给人以强烈的感染。

秋登兰山寄张五

（唐）孟浩然

北山白云里，隐者自怡悦。
相望试登高，心随雁飞灭。
愁因薄（bó）暮起，兴是清秋发。
时见归村人，沙行渡头歇。
天边树若荠（jì），江畔（pàn）洲如月。
何当载酒来，共醉重阳节。

【赏析】

全诗的意思是：面对北山岭上白云起伏霏霏，我这隐者自己能欢欣品味。我试着登上高山是为了遥望，心情早就随着鸿雁远去高飞。忧愁每每是薄暮引发的情绪，兴致往往是清秋招致的氛围。在山上时望见回村的人们，走过沙滩坐在渡口憩息。远看天边的树林活像是荠菜，俯视江畔的沙洲好比是弯月。什么时候你能载酒到这里来，重阳佳节咱们开怀畅饮共醉。

这是一首临秋登高远望，怀念旧友的诗。张五名子容，隐居于襄阳岘山南约两里的白鹤山。孟浩然园庐在岘山附近，因登岘山对面的万山以望张五，并写诗寄意。全诗情随景生，以景烘情，情景交融，浑然一体。"情飘逸而真挚，景清淡而优美"，为孟诗代表作之一。诗人怀故友而登高，望飞雁而孤寂，临薄暮而惆怅，处清秋而发兴，自然希望挚友到来一起共度佳节。"愁因薄暮起，兴是清秋发"，"天边树若荠，江畔洲如月"，细细品尝，够人玩味。

三、四两句起，进入题意。"相望"表明了对张五的思念。由思念而"登万山"远望，望而不见友人，但见北雁南飞。诗人的心啊，似乎也随鸿雁飞去，消逝在遥远的天际。这是写景，又是抒情，情景交融。雁也看不见了，而又近黄昏时分，心头不禁泛起淡淡的哀愁，然而，清秋的山色却使人逸兴勃发。

"时见归村人，平沙渡头歇，天边树若荠，江畔洲如月"，是写从山上四下眺望。天至薄暮，村人劳动一日，三三两两逐渐归来。他们有的行走于沙滩，有的坐歇于渡头。显示出人们的行动从容不迫，带有几分悠闲。再放眼向远处望去，一直看到"天边"，那天边的树看去细如荠菜，而那白色的沙洲，在黄昏的朦胧中却清晰可见，似乎蒙上了一层月色。

这四句诗是全篇精华所在。在这些描述中，作者既未着力刻画人物的动作，也未着力描写景物的色彩。用朴素的语言，如实地写来，是那样平淡，那样自然。既能显示出农村的静谧气氛，又能表现出自然界的优美景象。正如皮日休所谓："遇景入咏，不拘奇抉异。……涵涵然有云霄之兴，若公输氏当巧而不巧者也。"沈德潜评孟诗为"语淡而味终不薄"，这实为孟诗的重要特征之一。

在这四句诗里，作者创造出一个高远清幽的境界，这同"松月生夜凉，风泉满清听"、"微云淡河汉，疏雨滴梧桐"、"野旷天低树，江清月近人"等诗的意境，是颇为近似的。正所谓"每诵之，有泉流石上、风来松下之音"。这代表了孟诗风格的一个重要方面。

"何当载酒来，共醉重阳节"，照应开端诗句。既明点出"秋"字，更表明了对张五的思念，从而显示出友情的真挚。

龙儿："酷卡，其实在中国的很多传统节日或是节气里，都包含着我们对世界、对生命、对自己的思考、探索，就好像在中国的文化里，很多时候你都能发现'养生'的身影。"

酷卡："养生是指什么呢？"

龙儿："所谓生，就是生命、生存、生长之意；所谓养，即保养、调养、补养之意。"

"养生"狭义的解释——是指人们通过各种方法颐养生命、增强体质、预防疾病，从而达到延年益寿的一种医事活动，它以传统中医理论为指导，遵循阴阳五行生化收藏之变化规律，对人体进行科学调养，保持生命健康活力。

"养生"广义的解释——是指人们通过对生命、对自我、对群体的思索，进而以更好的方式对身心进行调节、进行修炼、进行完善，从而让身心高度融合，让自我与自然融归一体。

西汉有《淮南鸿烈》一书。书中认为整个人体生命系统（古称'器'）由三个要素组成：一是形——"形者，生之舍也"；二是神——"神者，生之制也"；三是气——"气者，生之充也"，而"一失位，三者俱伤也"。怎样来处理这三者之间的关系呢？《淮南鸿烈》中说：其一，"将养其神"；其二，"和弱其气"；其三，"平夷其形"。

酷卡："'养生'就是让生命通过修养而更好吧！"

龙儿："这个解释也不错的，只是这个修养的方式就是各不相同，殊途同归了。我们以下面的诗歌和文字为例，看看养生之道……"

步密夏门行·龟虽寿

（三国）曹　操

神龟虽寿，犹有竟时；

腾蛇乘雾，终为土灰。

老骥伏枥，志在千里；

烈士暮年，壮心不已。

盈缩之期，不但在天；

养怡之福，可得永年。

魏武帝曹操热衷于研究炼气养性之理，以求健康长寿。在他的养生诗中，最精彩的一篇当推这首《龟虽寿》。诗中以长寿的动物神龟为例，说明生老病死的规律。今人常用诗中"烈士暮年，壮志不已"来抒发老当益壮的胸襟。同时，这首诗是一曲养生之道的千古绝唱，也是曹操留给后世养生长寿的渡人金针吧！

负冬日

（唐）白居易

杲杲冬日出，照我屋南隅。
负暄闭目坐，和气生肌肤。
初似饮醇醪，又如蛰者苏。
外融百骸畅，中适一念无。
旷然忘所在，心与虚空俱。

唐代诗人白居易，写了许多养生方法的诗作。他的"养生方法"之一就是勤练气功。从诗中可以看出，白居易不但爱好气功，而且已修炼到很高的层次。他练功时"外融百骸畅，中适一念无"，这是气功修炼中一个很高的境界。

气功（炁功）是一种以呼吸的调整、身体活动的调整和意识的调整（调息，调形，调心）为手段，以强身健体、防病治病、健身延年、开发潜能为目的的一种身心锻炼方法。

龙儿："酷卡，加件衣物吧，天气可是越来越凉了。"

酷卡："谢谢龙儿。"

龙儿："酷卡，今天是寒露，是二十四节气之一，它的到来表示已经进入深秋了。"

酷卡："寒露，这个名字真好听，有什么寓意吗？"

龙儿："每年10月8日或9日，太阳到达黄经195°时为寒露。在《月令七十二候集解》曾说：'九月节，露气寒冷，将凝结也。'它的意思是气温比白露时更低，地面的露水更冷，快要凝结成霜了。在我国古代有将寒露分为三候：'一候鸿雁来宾；二候雀入大水为蛤；三候菊有黄华。'此节气中鸿雁排成一字或人字形的队列大举南迁；深秋天寒，雀鸟都不见了，古人看到海边突然出现很多蛤蜊，并且贝壳的条纹及颜色与雀鸟很相似，所以便以为是雀鸟变成的；而'菊始黄华'是说在此时菊花已普遍开放。"

龙儿："酷卡，你喜欢菊花吗？"

酷卡："挺喜欢的。"

龙儿："还记得重阳节时，我告诉你

重阳节又叫菊花节，因为菊花开放的时间就在秋季，而且有着长寿健康的寓意。其实，中国人非常喜爱菊花，不仅仅因为它花色艳丽，品种繁多，更主要是看重它的凛凛风骨和高贵气节，所以古往今来，菊花被赋予了很深的文化内涵。

关于菊花，还有一个美丽的传说呢……"

从前，大运河边住着一个叫阿牛的农民。阿牛家里很穷，他七岁就没了父亲，靠母亲纺织度日。阿牛母亲因早年丧夫，生活艰辛，经常哭泣，把眼睛都哭坏了。

阿牛长到13岁，他对母亲说："妈妈，你眼睛不好，今后不要再日夜纺纱织布，我已经长大，我能养活你！"于是他就去张财主家做小长工，母子俩苦度光阴。两年后，母亲的眼病越来越严重，不久竟双目失明了。阿牛想，母亲的眼睛是为我而盲，无论如何也要医好她的眼睛。他一边给财主做工，一边起早摸黑开荒种菜，靠卖菜换些钱给母亲求医买药。也不知吃了多少药，母亲的眼病仍不见好转。一天夜里，阿牛做了一个梦，梦见一个漂亮的姑娘来帮他种菜，并告诉他说："沿运河往西数十里，有个天花荡，荡中有一株白色的菊花，能治眼病。这花要九月初九重阳节才开放，到时候你用这花煎汤给你母亲吃，定能治好她的眼病。"重阳节那天，阿牛带了干粮，去天花荡寻找白菊花。原来这是一个长满野草的荒荡。他在那里找了很久，只有黄菊花，就是不见白菊花。一直找到下午，才在草荡中一个小土墩旁的草丛中找到一株白色的野菊花。这株白菊花长得很特别，一梗九分枝，眼前只开一朵花，其余八朵含苞待放。阿牛将这株白菊花连根带土挖了回来，移种在自家屋旁。经他浇水护理，不久八枝花朵也陆续绽开，又香又好看。于是，他每天采下一朵白菊煎汤给母亲服用，当吃完了第七朵菊花之后，阿牛母亲的眼睛便开始复明了。

白菊花能治眼病的消息很快传了出去，村上人纷纷前来观看这株不寻常的野菊花。这一消息也传到了张财主那里。张财主将阿牛叫去，命他立即将那株白菊移栽到张家花园里。阿牛当然不肯，张财主便派了几个手下人赶到阿牛家强抢那株白菊花，因双方争夺，结果菊花被折断，他们才扬长而去。阿牛见这株为母亲治好眼疾的白菊横遭强暴，十分伤心，坐在被折断的白菊旁哭到天黑，直至深夜仍不肯离开。半夜之后，他朦胧的泪眼猛然一亮，上次梦见的那位漂亮姑娘突然来到他的身边。姑娘劝他说："阿牛，你的孝心已经有了好报，不要伤心，回去睡吧！"阿牛说："这株菊花救过我的亲人，它被折死，叫我怎么活？"姑娘说："这菊花梗子虽然断了，但根还在，她没有死，你只要将根挖出来，移植到另一个地方，就会长出白菊花。"阿牛问道："姑娘，你是何人，请告知，我要好好谢你。"姑娘说："我是天上的菊花仙子，特来助你，无需报答，你只要按照一首种菊谣去做，白菊花定会种活。"接着菊花仙子念道："三分四平头，五月水淋头，六月甩料头，七八捂墩头，九月滚绣球。"念完就不见了。

阿牛回到屋里仔细推敲菊花仙子的种菊谣，终于悟出了其中意思：种白菊要在三月移植，四月掐头，五月多浇水，六月勤施肥，七月八月护好根，这样九月就能开出绣球状的菊花。阿牛根据菊花仙子的指点去做了，后来菊花老根上果然爆出了不少枝条。他又剪下这些枝条去扦插，再按种菊谣说的去栽培。第二年九月初九重阳节便开出了一朵朵芬芳四溢的白菊花。后来阿牛将种菊的技能教给了村里的穷百姓，这一带种白菊花的人就越来越多了。因为阿牛是九月初九找到这株白菊花的，所以后来人们就将九月九称作菊花节，并形成了赏菊花、吃菊花茶、饮菊花酒等风俗。

酷卡："真没想到，关于菊花还有这么传奇的故事，那菊花在中国的文学作品中，也一定经常出现吧？"

龙儿："是的，中国是一个诗的国度，也是一个花的国度。诗有精品，花有奇葩。菊花仿佛浓缩了秋天的精华，总是在落叶飘零时，穿越肃杀的风霜，携一身淡雅的花香而至，当然也在无数的诗篇中留下了它的身影。早在先秦典籍的记载中，有关菊的叙述就显得丰富异常。《尔雅》云：'菊，治蔷也。'治蔷，即今之秋菊。《礼记》曰：'季秋之月，菊有黄华。'《山海经》曰：'女儿之山，其草多菊。'按晋周处《风土记》云：'菊生依水边，其华煌煌……'现在虽不是菊花节，可也正是菊花怒放的时候，我们一起去吟诗咏梅吧！"

酷卡："好啊，龙儿，快带上我，我仿佛已经嗅到菊花的芬芳了！"

饮 酒

（晋）陶渊明

结庐在人境，而无车马喧。问君何能尔？心远地自偏。
采菊东篱下，悠然见南山。山气日夕佳，飞鸟相与还。
此中有真意，欲辨已忘言。

【译文】 我家在众人聚居繁华道，然而没有烦神应酬车马喧闹。要问我怎能如此超凡洒脱，那是因为心灵避离尘俗自然幽静远邈。东墙下采撷清菊心情徜徉，无意中见到南山胜景绝妙。暮色中缕缕彩雾萦绕升腾，结队的鸟儿回归远山的怀抱。这其中蕴含的人生真义，我已不知该怎样表达！

【赏析】 陶渊明的《饮酒》组诗共有20首，这组诗并不是酒后遣兴之作，而是诗人借酒为题，写出对现实的不满和对田园生活的喜爱，是为了在当时十分险恶的环境下借醉酒来逃避迫害。他在《饮酒》第二十首中写道"但恨多谬误，君当恕罪人"，可见其用心的良苦。这里选的是其中的第五首。这首诗以情为主，融情入景，写出了诗人归隐田园后生活悠闲自得的心境。

诗的意境可分两层，前四句为一层，写诗人摆脱尘俗烦扰后的感受，表现了诗人鄙弃官场，不与统治者同流合污的思想感情。后六句为一层，写南山的美好晚景和诗人从中获得的无限乐趣。表现了诗人热爱田园生活的真情和高洁人格。

"结庐在人境，而无车马喧"，写诗人虽然居住在污浊的人世间，却不受尘俗的烦扰。"车马喧"，正是官场上你争我夺、互相倾轧、奔走钻营的各种丑态的写照。但是，陶渊明"结庐在人境"，并不是十分偏僻的地方，怎么会听不到车马的喧闹呢？诗人好像领会了读者的心理，所以用了一个设问句"问君何能尔"，然后自己回答"心远地自偏"。只要思想上远离了那些达官贵人们的车马喧嚣，其他方面也自然地与他们没有纠缠了。这四句，包含着精辟的人生哲理，它告诉我们，人的精神世界，是可以自我净化的，在一定的条件下，只要发挥个人的主观能动性，就可以改变客观环境对自己的影响，到处都可以找到生活的乐趣。"心远"一词，反映了诗人超尘脱俗、毫无名利之念的精神世界。

"采菊东篱下，悠然见南山"，这是千年以来脍炙人口的名句。因为有了"心远地自偏"的精神境界，才会悠闲地在篱下采菊，抬头见山，是那样的怡然自得，那样的超凡脱俗！这两句以客观景物的描写衬托出诗人的闲适心情，"悠然"二字用得很妙，说明诗人所见所感，非有意寻求，而是不期而遇。苏东坡对这两句颇为称道："采菊之次，偶然见山，初不用意，而境与意会，故可喜也。""见"字也用得极妙，"见"是无意中的偶见，南山的美景正好与采菊时悠然自得的心境相映衬，合成物我两忘的"无我之境"。如果用"望"字，便是心中先有南山，才有意去望，成了"有我之境"，就失去了一种忘机的天真意趣。南山究竟有什么胜景，致使诗人如此赞美呢？接下去就是"山气日夕佳，飞鸟相与还"，这也是诗人无意中看见的景色，在南山那美好的黄昏景色中，飞鸟结伴飞返山林，万物自由自在，适性而动，正像诗人摆脱官场束缚，悠然自在，诗人在这里悟出了自然界和人生的真谛。"此中有真意，欲辨已忘言。"诗人从这大自然的飞鸟、南山、夕阳、秋菊中悟出了什么真意呢？是万物运转、各得其所的自然法则吗？是对远古淳朴自足的理想社会的向往吗？是任其自然的人生哲理吗？是直率真挚的品格吗？诗人都没有明确地表示，只是含蓄地提出问题，让读者去思考，而他则"欲辨已忘言"。如果结合前面"结庐在人境，而无车马喧"来理解，"真意"我们可以理解为人生的真正意义，那就是人生不应该汲汲于名利，不应该被官场的龌龊玷污了自己自然的天性，而应该回到自然中去，去欣赏大自然的无限清新和生机勃勃！当然，这个"真意"的内涵很大，作者没有全部说出来，也无须说出来，这两句哲理性的小结给读者以言已尽而意无穷的想象余地，令人回味无穷。

全诗以平易朴素的语言写景抒情叙理，形式和内容达到高度的统一，无论是写南山傍晚美景，还是抒发归隐的悠然自得之情，或叙田居的怡然之乐，或道人生之真意，都既富于情趣，又饶有理趣。如"采菊东篱下，悠然见南山"、"山气日夕佳，飞鸟相与还"，那样景、情、理交融于一体的名句不用说，就是"问君何能尔？心远地自偏"，"此中有真意，欲辨已忘言"这样的句子，虽出语平淡，朴素自然，却也寄情深长，托意高远，蕴理隽永，耐人咀嚼，有无穷的理趣和情趣。

菊 花

（唐）元 稹

秋丝绕舍似陶家，遍绕篱边日渐斜。
不是花中偏爱菊，此花开尽更无花。

【译文】 一丛丛菊花围绕着房屋开放，好似到了陶渊明的家。一圈竹篱圈起满院秋色，不觉晚霞飞扬夕阳西下。并非我偏爱篱边的菊花，寒风起处万花早已肃杀。

【赏析】 菊花，不像牡丹那样富丽，也没有兰花那样名贵，但作为傲霜之花，它一直受人偏爱。有人赞美它坚强的品格，有人欣赏它高洁的气质，而元稹的这首咏菊诗，则别出新意地道出了他爱菊的原因。

咏菊，一般要说说菊花的可爱。但诗人既没列举"金钩挂月"之类的形容词，也未描绘争芳斗艳的景象。而是用了一个比喻——"秋丝绕舍似陶家"。一丛丛菊花围绕着房屋开放，好似到了陶渊明的家。秋丛，即丛丛的秋菊。东晋陶渊明最爱菊，家中遍植菊花。"采菊东篱下，悠然见南山"（《饮酒》），是他的名句。这里将植菊的地方比作"陶家"，秋菊满院盛开的景象便不难想象。如此美好的菊景怎能不令人陶醉？故诗人"遍绕篱边日渐斜"，完全被眼前的菊花所吸引，专心致志地绕篱观赏，以至于太阳西斜都不知道。"遍绕"、"日斜"，把诗人赏菊入迷，流连忘返的情景真切地表现出来，渲染了爱菊的气氛。

诗人为什么如此着迷地偏爱菊花呢？三、四两句说明喜爱菊花的原因："不是花中偏爱菊，此花开尽更无花"。菊花在百花之中是最后凋谢的，一旦菊花谢尽，便无花景可赏，人们爱花之情自然都集中到菊花上来。因此，作为后凋者，它得天独厚地受人珍爱。诗人从菊花在四季中谢得最晚这一自然现象，引出深微的道理，回答了爱菊的原因，表达了诗人特殊的爱菊之情。这其中当然也含有对菊花历尽风霜而后凋谢的坚贞品格的赞美。

这首诗从咏菊这一平常的题材，发掘出不平常的诗意，给人以新的启发，显得新颖自然，不落俗套。在写作上，笔法也很巧妙。前两句写赏菊的实景，渲染爱菊的气氛作为铺垫；第三句是过渡，笔锋一顿，跌宕有致，最后吟出生花妙句，进一步开拓美的境界，增强了这首诗的艺术感染力。

题菊花

（唐）黄 巢

飒飒西风满院栽，蕊寒香冷蝶难来。

他年我若为青帝，报与桃花一处开。

【译文】　菊花在飒飒西风中栽满园中，花蕊寒香味冷蝴蝶也不敢来，将来我要是当了分管春天的天神青帝，就要改变自然规律，叫菊花也在春天开放，好与桃花争奇斗艳。

【赏析】　这是唐末农民起义领袖黄巢的诗篇，他的两首咏菊诗作脍炙人口，千古流传，骨子里蕴涵一种改天换地、再造乾坤的豪情壮志，是典型的借菊抒情、托菊言志的"造反诗"。

此诗咏菊，一反文人笔下菊花孤高绝俗、落落寡合之传统，赋予菊花以顶风傲寒、战天斗地之精神，读来感人肺腑，动人心魄。秋风瑟瑟，万木凋零，满院菊花沐寒挺立，迎风怒放，其香幽冷，其艳生辉。尽管开不逢时，缺蜂少蝶，颇有几分冷落凄清，可是菊花幽香冷艳不减分毫，铮铮傲骨不少分寸。也许百花逢春是大鸣大放，浓香竞发，蜂飞蝶舞，满眼春光，可是菊花却高昂头颅，笑傲风霜，清香劲发，冷艳逼人，表现出一股坚如磐石、硬如钢铁的不屈精神。实际上这是隐喻农民起义军意志坚定，作风顽强，信念不倒，具有一种挑战权贵，敢作敢为的战斗精神。三、四两句是作者的浪漫幻想，颇能见出诗人的豪情壮志。作者想象有朝一日自己作了"青帝"（司春之神），就要让菊花和桃花一起开放，共享春光。这种激情想象集中表达了作者的宏伟抱负。诗中的菊花，实际上是千千万万生活在水深火热之中的农民的化身，作者既赞赏他们迎寒而放的顽强生命力，又为他们的环境命运鸣抱不平，立志要战天斗地，改变劳苦大众的悲苦命运，让他们翻身解放，共享美好生活。值得注意的是，"报与桃花一处开"还体现了作者朴素的平等观念。因为在作者看来，菊花和桃花同为百花之一，桃花可以沐浴春光，吐艳争辉，菊花却独立寒秋，蕊寒香冷，这实在是上天极大的不公平。另外，"他年我若为青帝"尽管是一种假设、一种想象、一种幻想，可是却表现出诗人不屈从命运的摆布，不甘心当牛做马，发誓要当家作主，主宰自我的豪情；实际上也是农民起义领袖要推翻旧政权，为大众谋幸福的理想写照。当然其间也可看出诗人一往无前、抗争到底乃至知其不可而为之的战斗精神。全诗出语豪壮，惊天动地，气壮山河！

酷卡，接下来咱们要欣赏的这几首菊花诗可是出现在一本小说里的！

哦，是吗？

红楼梦第三十八回　林潇湘魁夺菊花诗　薛蘅芜讽和螃蟹咏

　　话说宝钗湘云二人计议已妥，一宿无话。湘云次日便请贾母等赏桂花。贾母等都说道："是他有兴头，须要扰他这雅兴。"至午，果然贾母带了王夫人凤姐兼请薛姨妈等进园来。贾母因问："那一处好？"王夫人道："凭老太太爱在那一处，就在那一处。"凤姐道："藕香榭已经摆下了，那山坡下两棵桂花开的又好，河里的水又碧清，坐在河当中亭子上岂不敞亮，看着水眼也清亮。"贾母听了，说："这话很是。"说着，就引了众人往藕香榭来。原来这藕香榭盖在池中，四面有窗，左右有曲廊可通，亦是跨水接岸，后面又有曲折竹桥暗接。众人上了竹桥，凤姐忙上来搀着贾母，口里说："老祖宗只管迈大步走，不相干的，这竹子桥规矩是咯吱咯喳的。"

　　一时进入榭中，只见栏杆外另放着两张竹案，一个上面设着杯箸酒具，一个上头设着茶筅茶盂各色茶具。那边有两三个丫头煽风炉煮茶，这一边另外几个丫头也煽风炉烫酒呢。贾母喜的忙问："这茶想的到，且是地方，东西都干净。"湘云笑道："这是宝姐姐帮着我预备的。"贾母道："我说这个孩子细致，凡事想的妥当。"

　　……

　　湘云便取了诗题，用针绾在墙上。众人看了，都说："新奇固新奇，只怕作不出来。"湘云又把不限韵的原故说了一番。宝玉道："这才是正理，我也最不喜限韵。"林黛玉因不大吃酒，又不吃螃蟹，自令人掇了一个绣墩倚栏杆坐着，拿着钓竿钓鱼。宝钗手里拿一枝桂花玩了一回。俯在窗槛上取了桂蕊掷向水面，引的游鱼浮上来唼喋。湘云出一回神，又让一回袭人等，又招呼山坡下的众人只管放量吃。探春和李纨惜春立在垂柳阴中看鸥鹭。迎春又独在花阴下拿着花针穿茉莉花。宝玉又看了一回黛玉钓鱼，一回又俯在宝钗旁边说笑两句，一回又看袭人等吃螃蟹，自己也陪他饮两口酒。袭人又剥一壳肉给他吃。黛玉放下钓竿，走至座间，拿起那乌银梅花自斟

壶来，拣了一个小小的海棠冻石蕉叶杯。丫鬟看见，知他要饮酒，忙着走上来斟。黛玉道："你们只管吃去，让我自斟，这才有趣儿。"说着便斟了半盏，看时却是黄酒，因说道："我吃了一点子螃蟹，觉得心口微微的疼，须得热热的喝口烧酒。"宝玉忙道："有烧酒。"便令将那合欢花浸的酒烫一壶来。黛玉也只吃了一口便放下了。宝钗也走过来，另拿了一只杯来，也饮了一口，便蘸笔至墙上把头一个《忆菊》勾了，底下又赘了一个"蘅"字。宝玉忙道："好姐姐，第二个我已经有了四句了，你让我作罢。"宝钗笑道："我好容易有了一首，你就忙的这样。"黛玉也不说话，接过笔来把第八个《问菊》勾了，接着把第十一个《菊梦》也勾了，也赘一个"潇"字。宝玉也拿起笔来，将第二个《访菊》也勾了，也赘上一个"绛"字。探春走来看看道："竟没有人作《簪菊》，让我作这《簪菊》。"又指着宝玉笑道："才宣过总不许带出闺阁字样来，你可要留神。"说着，只见史湘云走来，将第四第五《对菊》、《供菊》一连两个都勾了，也赘上一个"湘"字。探春道："你也该起个号。"湘云笑道："我们家里如今虽有几处轩馆，我又不住着，借了来也没趣。"宝钗笑道："方才老太太说，你们家也有这个水亭叫'枕霞阁'，难道不是你的。如今虽没了，你到底是旧主人。"众人都道有理。宝玉不待湘云动手。便代将"湘"字抹了，改了一个"霞"字。又有顿饭工夫，十二题已全，各自誊出来，都交与迎春，另拿了一张雪浪笺过来，一并誊录出来，某人作的底下赘明某人的号。李纨等从头看起：

忆菊　蘅芜君

怅望西风抱闷思，蓼红苇白断肠时。

空篱旧圃秋无迹，瘦月清霜梦有知。

念念心随归雁远，寥寥坐听晚砧痴。

谁怜我为黄花病，慰语重阳会有期。

访菊　怡红公子

闲趁霜晴试一游，酒杯药盏莫淹留。

霜前月下谁家种，槛外篱边何处愁。

蜡屐远来情得得，冷吟不尽兴悠悠。
黄花若解怜诗客，休负今朝挂杖头。

种菊　怡红公子

携锄秋圃自移来，篱畔庭前故故栽。
昨夜不期经雨活，今朝犹喜带霜开。
冷吟秋色诗千首，醉酹寒香酒一杯。
泉溉泥封勤护惜，好知井径绝尘埃。

对菊　枕霞旧友

别圃移来贵比金，一丛浅淡一丛深。
萧疏篱畔科头坐，清冷香中抱膝吟。
数去更无君傲世，看来惟有我知音。
秋光荏苒休辜负，相对原宜惜寸阴。

供菊　枕霞旧友

弹琴酌酒喜堪俦，几案婷婷点缀幽。
隔座香分三径露，抛书人对一枝秋。
霜清纸帐来新梦，圃冷斜阳忆旧游。
傲世也因同气味，春风桃李未淹留。

咏菊　潇湘妃子

无赖诗魔昏晓侵，绕篱欹石自沉音。
毫端蕴秀临霜写，口齿噙香对月吟。
满纸自怜题素怨，片言谁解诉秋心。
一从陶令平章后，千古高风说到今。

画菊　蘅芜君

诗余戏笔不知狂，岂是丹青费较量。
聚叶泼成千点墨，攒花染出几痕霜。
淡浓神会风前影，跳脱秋生腕底香。
莫认东篱闲采撷，粘屏聊以慰重阳。

问菊　潇湘妃子

欲讯秋情众莫知，喃喃负手叩东篱。
孤标傲世偕谁隐，一样花开为底迟？
圃露庭霜何寂寞，鸿归蛩病可相思？
休言举世无谈者，解语何妨片语时。

簪菊　蕉下客

瓶供篱栽日日忙，折来休认镜中妆。
长安公子因花癖，彭泽先生是酒狂。
短鬓冷沾三径露，葛巾香染九秋霜。
高情不入时人眼，拍手凭他笑路旁。

菊影　枕霞旧友

秋光叠叠复重重，潜度偷移三径中。
窗隔疏灯描远近，篱筛破月锁玲珑。
寒芳留照魂应驻，霜印传神梦也空。
珍重暗香休踏碎，凭谁醉眼认朦胧。

菊梦　潇湘妃子

篱畔秋酣一觉清，和云伴月不分明。
登仙非慕庄生蝶，忆旧还寻陶令盟。
睡去依依随雁断，惊回故故恼蛩鸣。
醒时幽怨同谁诉，衰草寒烟无限情。

残菊·蕉下客

露凝霜重渐倾欹，宴赏才过小雪时。
蒂有余香金淡泊，枝无全叶翠离披。
半床落月蛩声病，万里寒云雁阵迟。
明岁秋风知再会，暂时分手莫相思。

众人看一首，赞一首，彼此称扬不已。李纨笑道："等我从公评来。通篇看来，各有各人的警句。今日公评：《咏菊》第一，《问菊》第二，《菊梦》第三，题目新，诗也新，立意更新，恼不得要推潇湘妃子为魁了；然后《簪菊》、《对菊》、《供菊》、《画菊》、《忆菊》次之。"宝玉听说，喜的拍手叫道："极是，极公道。"黛玉道："我那首也不好，到底伤于纤巧些。"李纨道："巧的却好，不露堆砌生硬。"黛玉道："据我看来，头一句好的是'圃冷斜阳忆旧游'，这句背面傅粉，'抛书人对一枝秋'已经妙绝，将供菊说完，没处再说，故翻回来想到未拆未供之先，意思深透。"李纨笑道："固如此说，你的'口齿噙香'句也敌的过了。"探春又道："到底要算蘅芜君沉着，'秋无迹'，'梦有知'，把个忆字竟烘染出来了，"宝钗笑道："你的'短鬓冷沾'，'葛巾香染'，也就把簪菊形容的一个缝儿也没了。"湘云道："'偕谁隐'，'为底迟'，真个把个菊花问的无言可对。"李纨笑道："你的'科头坐'，'抱膝吟'，竟一时也不能别开，菊花有知，也必腻烦了。"说的大家都笑了。宝玉笑道："我又落第，难道'谁家种'，'何处秋'，'蜡屐远来'，'冷吟不尽'，都不是访，'昨夜雨'，'今朝霜'，都不是种不成？但恨敌不上'口齿噙香对月吟'，'清冷香中抱膝吟'，'短鬓'，'葛巾'，'金淡泊'，'翠离披'，'秋无迹'，'梦有知'这几句罢了。"又道："明儿闲了，我一个人作出十二首来。"李纨道："你的也好，只是不及这几句新巧就是了。"

……

66

《红楼梦》、《三国演义》、《水浒传》、《西游记》是中国的四大名著。其中《红楼梦》曾被评为中国最具文学成就的古典小说及章回小说的巅峰之作，被认为是"中国四大名著"之首。他的作者是谁长久以来存在争议，比较普遍的认同是中国清代的曹雪芹。

《红楼梦》

《红楼梦》是一部中国封建社会末期的百科全书；小说以上层贵族社会为中心图画，极其真实、生动地描写了18世纪上半叶中国封建社会末期的全部生活，是这段历史生活的一面镜子和缩影，是中国古老封建社会已经无可挽回地走向崩溃的真实写照。

《红楼梦》以贾宝玉、林黛玉、薛宝钗之间的恋爱婚姻悲剧为主线，描写了以贾家为代表的四大家族的兴衰，揭示了封建大家庭的各种错综复杂的矛盾，表现了封建的婚姻、道德、文化、教育的腐朽、堕落，塑造了一系列贵族、平民以及奴隶出身的女子的悲剧形象，展示了极其广阔的封建社会的典型生活环境，曲折地反映了那个社会必然崩溃、没落的历史趋势。作品还歌颂了贵族的叛逆者和违背封建礼教的爱情，体现出追求个性自由的初步的民主主义思想，并深刻而全面地揭示了贾、林、薛之间爱情婚姻悲剧的社会根源。但由于历史的局限，作者在写出封建大家族没落的同时，也流露出惋惜和感伤的情绪，蒙有一层宿命论和虚无主义的色彩。

龙儿："刚才展现在我们眼前的，就是《红楼梦》中一章的节选，它描述了大观园里的人们在重阳佳节的生活情景，其间的十二首菊花诗把咏菊、赋事和咏人三者紧密结合，水乳交融，从中也流露出各人的思想性格，暗示了人物的不同命运。"

酷卡："怪不得中国的文化博大精深，一首诗可以有这么多内涵……"

龙儿："这只是一部小说中描写菊花的诗，在中国，有很多描写菊花的优秀诗篇！"

"中国四大名著除了红楼梦，还有《三国演义》、《水浒传》、《西游记》。"

《三国演义》

《三国演义》，全名《三国志通俗演义》，作者罗贯中，中国四大名著之一，也是历史演义小说的经典之作。

《三国演义》是中国古代第一部长篇章回体小说。小说描写了公元三世纪以曹操、刘备、孙权为首的魏、蜀、吴三个政治、军事集团之间的矛盾和斗争。在广阔的社会历史背景上，展示出那个时代尖锐复杂又极具特色的政治军事冲突，在政治、军事谋略方面，对后世产生了深远的影响。

在《三国演义》全书出现以前，中国各类小说一般都篇幅短小，有些甚至只有几十个字。《三国演义》是中国第一部长篇小说，因为宋代讲故事的风气盛行，说书成为一种职业，说书人喜欢拿古代人物的故事作为题材来说演，而陈寿《三国志》里面的人物众多，事件纷繁，正是撰写故事的最好素材。三国故事某些零星片段原来在民间也已流传，加上说书人长期取材，内容越来越丰富，人物形象越来越饱满，最后由许多独立的故事逐渐组合而成长篇巨著。这些各自孤立的故事在社会上经过漫长时间口耳相传，最后得到辗转加工，集合成书，成为中国第一部长篇小说，这是一种了不起的集体创造。与由单一作者撰写完成的小说在形态上有所不同，很值得我们注意。这种源出众手的小说，后来还有《西游记》和《水浒传》。《三国演义》对后来的小说有一定的启导作用，是讲史文学的源流。这部巨著本身的文学价值以及它对后世的影响，都值得我们深入讨论。

《三国演义》描写的是从东汉末年到西晋初年之间近一百年的历史风云。全书反映了三国时代的政治军事斗争，反映了三国时代各类社会矛盾的渗透与转化，概括了这一时代的历史巨变，塑造了一批叱咤风云的英雄人物。在对三国历史的把握上，作者表现出明显的拥刘反曹倾向，以刘备集团作为描写的中心，对刘备集团的主要人物加以歌颂，对曹操则极力揭露鞭挞。今天我们对于作者的这种拥刘反曹的倾向应有辩证的认识。尊刘反曹是民间传说的主要倾向，在罗贯中时代隐含着人民对汉族复兴的希望。

《三国演义》刻画了近200个人物形象，其中最为成功的有诸葛亮、曹操、关羽、刘备等人。诸葛亮是作者心目中"贤相"的化身，他具有"鞠躬尽瘁，死而后已"的高风亮节，具有济世济民再造太平盛世的雄心壮志，而且作者还赋予他呼风唤雨、神机妙算的奇异本领。曹操是一位奸雄，他生活的信条是"宁教我负天下人，不教天下人负我"，既有雄才大略，又残暴奸诈，是一个政治野心家阴谋家，这与历史上的真曹操是不可混同的。关羽"威猛刚毅"、"义重如山"。但他的义气是以个人恩怨为前提的，并非国家民族之大义。刘备被作者塑造成为仁民爱物、礼贤下士、知人善任的仁君典型。

　　《三国演义》描写了大大小小的很多战争，构思宏伟，手法多样，使我们清晰地看到了一场场刀光剑影的战争场面。其中官渡之战、赤壁之战等战争的描写波澜起伏、跌宕跳跃，读来惊心动魄。

《三国演义》原文摘录：

第五回　发矫诏诸镇应曹公　破关兵三英战吕布

　　却说陈宫临欲下手杀曹操，忽转念曰："我为国家跟他到此，杀之不义。不若弃而他往。"插剑上马，不等天明，自投东郡去了。操觉，不见陈宫，寻思："此人见我说了这两句，疑我不仁，弃我而去；吾当急行，不可久留。"遂连夜到陈留，寻见父亲，备说前事；欲散家资，招募义兵。父言："资少恐不成事。此间有孝廉卫弘，疏财仗义，其家巨富；若得相助，事可图矣。"操置酒张筵，拜请卫弘到家，告曰："今汉室无主，董卓专权，欺君害民，天下切齿。操欲力扶社稷，恨力不足。公乃忠义之士，敢求相助！"卫弘曰："吾有是心久矣，恨未遇英雄耳。既孟德有大志，愿将家资相助。"操大喜；于是先发矫诏，驰报各道，然后招集义兵，竖起招兵白旗一面，上书"忠义"二字。不数日间，应募之士，如雨骈集。

　　一日，有一个阳平卫国人，姓乐，名进，字文谦，来投曹操。又有一个山阳巨鹿人，姓李，名典，字曼成，也来投曹操。操皆留为帐前吏。又有沛国谯人夏侯惇，字元让，乃夏侯婴之后，自小习枪棒，年十四从师学武，有人辱骂其师，惮杀之，逃于外方；闻知曹操起兵，与其族弟夏侯渊两个，各引壮士千人来会。此二人本操之弟兄：操父曹嵩原是夏侯氏之子，过房与曹家，因此是同族。不数日，曹氏兄弟曹仁、曹洪各引兵千余来助。曹仁字子孝，曹洪字子廉，二人弓马熟娴，武艺精通。操大喜，于村中调练军马。卫弘尽出家财，置办衣甲旗幡。四方送粮食者，不计其数。

......

《水浒传》

《水浒传》的作者历来有争议，明人大致有三种说法：施耐庵作、罗贯中作和施耐庵、罗贯中合作。现在学术界大都认为施耐庵作。

《水浒传》又名《忠义水浒传》，一般简称《水浒》，作于元末明初，是中国历史上第一部用白话文写成的章回体小说，是中国四大名著之一。它是一部经过宋、元两代数百年的酝酿、积累而最终完成的长篇历史小说，集合了无数英雄好汉生生死死的悲壮故事，凝聚了无数中国人的理想、感情和才思。

根据民间流传的宋江起义故事定型。全书叙述北宋末年官逼民反，梁山英雄聚众起义的故事，再现了封建时代农民起义从发生、发展到失败的全过程。塑造了李逵、武松、林冲、张顺、吴用、鲁智深等英雄形象。

《水浒传》以传奇的笔法描写了一批当时处于社会边缘人物为了有尊严地生存而不断奋斗、成功与失败的生存史，对黑暗的、混乱的主流社会的一种反抗史。要歌颂的是那些敢于造反、敢于追逐自己利益，为此敢于到处杀人放火的处于社会边缘的"造反英雄"。其最终写作目的主要有三：一是迎合小市民的趣味；二是发泄一下小知识分子对当时社会的不满和塑造美好社会的良好愿望；三是歌颂了那些处于主流社会边缘地位的流民阶级的"忠"、"义"品德。

作者以其高超的艺术笔触为读者勾勒出许许多多栩栩如生的古代英雄形象。如《鲁提辖拳打镇关西》选自于《水浒传》第三回《史大郎夜走华阴县，鲁提辖拳打镇关西》，这是鲁提辖的第一次出场，作品通过鲁提辖酒楼遇金氏父女，询问啼哭的缘由，救助父女脱险，并三拳打死镇关西的精彩场面的描绘，生动而鲜活地向读者展现了鲁达

的侠义性格和不朽的艺术形象。

《水浒传》原文摘录：

第三回　史大郎夜走华阴县　鲁提辖拳打镇关西

　　三人来到潘家酒楼上，拣个齐楚阁儿里坐下。提辖坐了主位，李忠对席，史进下首坐了。酒保唱了喏，认得是鲁提辖，便道："提辖官人，打多少酒？"鲁达道："先打四角酒来。"一面铺下菜蔬果品按酒，又问道："官人，吃甚下饭？"鲁达道："问甚么！但有，只顾卖来，一发算钱还你！这厮，只顾来聒噪！"酒保下去，随即烫酒上来，但是下口肉食，只顾将来摆一桌子。

　　三个酒至数杯，正说些闲话，较量些枪法，说得入港，只听得隔壁阁子里有人哽哽咽咽啼哭。鲁达焦躁，便把碟儿盏儿都丢在楼板上。酒保听得，慌忙上来看时，见鲁提辖气愤愤的。酒保抄手道："官人要甚东西，分付卖来。"鲁达道："酒家要甚么！你也须认得洒家！却恁地教甚么人在间壁吱吱的哭，搅俺弟兄们吃酒？洒家须不曾少了你酒钱！"酒保道："官人息怒。小人怎敢教人啼哭，打搅官人吃酒？这个哭的是绰酒座儿唱的父女两人，不知官人们在此吃酒，一时间自苦了啼哭。"鲁提辖道："可是作怪！你与我唤得他来。"酒保去叫。不多时，只见两个到来：前面一个十八九岁的妇人，背后一个五六十岁的老儿，手里拿串拍板，都来到面前。看那妇人，虽无十分容貌，也有些动人的颜色，拭着眼泪，向前来深深的道了三个万福。那老儿也都相见了。

　　鲁达问道："你两个是那里人家？为甚啼哭？"那妇人便道："官人不知，容奴告禀。奴家是东京人氏，因同父母来渭州投奔亲眷，不想搬移南京去了。母亲在客店里染病身故。女父二人流落在此生受。此间有个财主，叫做'镇关西'郑大官人，因见奴家，便使强媒硬保，要奴做妾。谁想写了三千贯文书，虚钱实契，要了奴家身体。未及三个月，他家大娘子好生利害，将奴赶打出来，不容完聚，着落店主人家追要原典身钱三千贯，父亲懦弱，和他争执不得，他又有钱有势。当初不曾得他一文，如今那讨钱来还他？没

计奈何，父亲自小教得奴家些小曲儿，来这里酒楼上赶座子，每日但得这些钱来，将大半还他，留些少女父们盘缠。这两日酒客稀少，违了他钱限，怕他来讨时受他羞耻。女父们想起这苦楚来，无处告诉，因此啼哭。不想误触犯了官人，望乞恕罪，高抬贵手！"

......

《西游记》

《西游记》是明代吴承恩所著，是中国古典四大名著之一，是一部优秀的神魔小说，也是一部规模宏伟、结构完整、用幻想形式来反映社会矛盾的巨著。

作品写于明朝中期，当时社会经济虽繁荣，但政治日渐败坏，百姓生活困苦。作者对此不合理的现象，通过故事提出批评。此作品共一百回，六十万余字。分回标目，每一回目以整齐对偶展现。故事叙述唐三藏与徒弟孙悟空、猪八戒、沙僧、白龙马经过九九八十一次磨难，到西天取经的过程。

通过《西游记》中虚幻的神魔世界，我们处处可以看到现实社会的投影。如在孙悟空的形象创造上，就寄托了作者的理想。孙悟空那种不屈不挠的斗争精神，奋起金箍棒，横扫一切妖魔鬼怪的大无畏气概，反映了人民的愿望和要求。他代表了一种正义的力量，表现出人民战胜一切困难的必胜信念。又如取经路上遇到的那些妖魔，或是自然灾难的幻化，或是邪恶势力的象征。他们的贪婪、凶残、阴险和狡诈，也正是封建社会里的黑暗势力的特点。不仅如此，玉皇大帝统治的天宫、如来佛祖管辖的西方极乐世界，也都浓浓地涂上了人间社会的色彩。而作者对封建社会最高统治者的态度也颇可玩味，在《西游记》中，简直找不出一个称职的皇帝；至于昏聩无能的玉皇大帝、宠信妖怪的车迟国国王、要将小儿心肝当药引子的比丘国国王，则不是昏君就是暴君。对这些形象的刻画，即使是信手拈来，也无不具有很强的现实意义。《西游记》不仅有较深刻的思想内容，艺术上也取得了很高的成就。它以丰富奇特的艺术想象、生动曲折的故事情节、栩栩如生的人物形象、幽默诙谐的语言，构筑了一座独具特色的《西游记》艺术宫殿。

《西游记》原文摘录：

第二十七回　尸魔三戏唐三藏　圣僧恨逐美猴王

却说三藏师徒，次日天明，收拾前进。那镇元子与行者结为兄弟，两人情投意合，决不肯放，又安排管待，一连住了五六日。那长老自服了草还丹，真似脱胎换骨，神爽体健。他取经心重，那里肯淹留，无已，遂行。

师徒别了上路，早见一座高山。三藏道："徒弟，前面有山险峻，恐马不能前，大家须仔细仔细。"行者道："师父放心，我等自然理会。"好猴王，他在那马前，横担着棒，剖开山路，上了高崖，看不尽：峰岩重叠，涧壑湾环。虎狼成阵走，麂鹿作群行。

无数獐豝钻簇簇，满山狐兔聚丛丛。千尺大蟒，万丈长蛇。大蟒喷愁雾，长蛇吐怪风。道旁荆棘牵漫，岭上松楠秀丽。薜萝满目，芳草连天。影落沧溟北，云开斗柄南。万古常含元气老，千峰巍列日光寒。那长老马上心惊，孙大圣布施手段，舞着铁棒，哮吼一声，唬得那狼虫颠窜，虎豹奔逃。师徒们入此山，正行到嵯峨之处，三藏道："悟空，我这一日，肚中饥了，你去那里化些斋吃？"行者陪笑道："师父好不聪明。这等半山之中，前不巴村，后不着店，有钱也没买处，教往那里寻斋？"三藏心中不快，口里骂道："你这猴子！想你在两界山，被如来压在石匣之内，口能言，足不能行，也亏我救你性命，摩顶受戒，做了我的徒弟。怎么不肯努力，常怀懒惰之心！"行者道："弟子亦颇殷勤，何尝懒惰？"三藏道："你既殷勤，何不化斋我吃？我肚饥怎行？况此地山岚瘴气，怎么得上雷音？"行者道："师父休怪，少要言语。我知你尊性高傲，十分违慢了你，便要念那话儿咒。你下马稳坐，等我寻那里有人家处化斋去。"行者将身一纵，跳上云端里，手搭凉篷，睁眼观看。可怜西方路甚是寂寞，更无庄堡人家，正是多逢树木少见人烟去处。看多时，只见正南上有一座高山，那山向阳处，有一片鲜红的点子。行者按下云头道：

"师父，有吃的了。"
那长老问甚东西，行者道："这里没人家化饭，那南山有一片红的，想必是熟透了的山桃，我去摘几个来你充饥。"三藏喜道："出家人若有桃子吃，就为上分了，快去！"

行者取了钵盂，纵起祥光，你看他觔斗幌幌，冷气飕飕，须臾间，奔南山摘桃不提。

　　酷卡："谢谢龙儿陪伴我感受中国的文化，让我知道中国的文化是有生命的，是能呼吸有感情的，就好像你们常常告诉我的节气和节日，也都来自于人民的真实生活，是伟大的先人为了我们更美好的明天而观察确立的，那现在天气越来越凉了，不知又到了什么节气呢？"

　　龙儿："现在正是冬至。冬至是北半球全年中白天最短、黑夜最长的一天，过了冬至，白天就会一天天变长，黑夜会慢慢变短。同时它也是中国农历中一个非常重要的节气，也是中华民族的一个传统节日。"

　　古人对冬至的说法是：阴极之至，阳气始生，日南至，日短之至，日影长之至，故曰"冬至"。冬至过后，各地气候都进入一个最寒冷的阶段，也就是人们常说的"进九"，中国民间有"冷在三九，热在三伏"的说法。

　　我国古代将冬至分为三候：一候蚯蚓结；二候麋角解；三候水泉动。传说蚯蚓是阴曲阳伸的生物，此时阳气虽已生长，但阴气仍然十分强盛，土中的蚯蚓仍然蜷缩着身体；麋与鹿同科，却阴阳不同，古人认为麋的角朝后生，所以为阴，而冬至一阳生，麋感阴气渐退而解角；由于阳气初生，所以此时山中的泉水可以流动并且温热。

　　《清嘉录》甚至有"冬至大如年"之说。这表明古人对冬至十分重视。人们认为冬至是阴阳二气的自然转化，是上天赐予的福气。汉朝以冬至为"冬节"，官府要举行祝贺仪式称为"贺冬"，例行放假。《后汉书》中有这样的记载："冬至前后，君子安身静体，百官绝事，不听政，择吉辰而后省事。"所以这天朝廷上下要放假休息，军队待命，边塞闭关，商旅停业，亲朋各以美食相赠，相互拜访，欢乐地过"安身静体"的节日。

各地在冬至时有不同的风俗，北方地区有冬至宰羊、吃饺子、吃馄饨的习俗，南方地区在这一天则有吃冬至米团、冬至长线面的习惯，而苏南人在冬至时吃大葱炒豆腐。各个地区在冬至这一天还有祭天祭祖的习俗。

唐、宋时期，冬至是祭天祭祀祖先的日子，皇帝在这天要到郊外举行祭天大典，百姓在这一天要向父母尊长祭拜，现在仍有一些地方在冬至这天过节庆贺。

谢谢龙儿，饺子真香，我们也在过冬至了。

酷卡，瞧，这是我特别为你准备的饺子，快尝尝。

龙儿："冬至是中国很重要的日子，家家户户在这一天都有特别的准备呢！"

酷卡："是吗？能带我去看看吗？"

龙儿："当然，你想去哪里呢？"

酷卡："带我去中国的首都吧，我还从没去过呢。"

龙儿："北京，好呀，闭上眼睛，我们出发……"

北京是中华人民共和国的首都，中国的政治、文化和国内国际交往中心，是世界历史文化名城和古都之一。早在70万年前，北京周口店地区就出现了原始人"北京人"。北京最初见于记载的名字为"蓟"。公元前1045年成为蓟、燕诸侯国的都城。从公元前221年秦始皇统一中国到公元937年，北京一直是中国北方的重镇和地方政权的都城。公元938年，统治中国北方的辽以北京（时称燕京）为陪都；以后，金、元、

明、清各代都以此地为首都，前后达650多年。1949年10月1日中华人民共和国成立，北京成为新中国的首都。

北京是具有悠久历史文化的古都，有世界上最大的皇宫紫禁城、祭天神庙天坛、皇家花园北海、皇家园林颐和园、八达岭长城、慕田峪长城、司马台长城以及世界上最大的四合院恭王府等名胜古迹。

哇噻，好大一片宫殿啊，我们到北京了吗？

是的，你现在看到的正是北京的故宫呢，旧称紫禁城。是明、清两代的皇宫，是无与伦比的古代建筑杰作，也是世界现存最大、最完整的木质结构的古建筑群。

酷卡："还有那里，湖面是结冰了吗，银光闪闪的？"

龙儿："是啊，这就是冬天的北京。要知道，像这样冬天的美景还有很多，自古以来也有无数的诗人历历描述，更以冬景表达自己的内心。"

问刘十九

（唐）白居易

绿蚁新醅酒，红泥小火炉。
晚来天欲雪，能饮一杯无？

【译文】　　我家新酿的米酒还未过滤，酒面上泛起一层绿渣，香气扑鼻。烫酒用的小火炉，也已准备好了，是用红泥烧制成的。天色阴沉，看样子晚上即将要下雪，是否能允许我饮这一杯酒？

【赏析】　　刘十九是作者在江州时的朋友，诗句的巧妙，首先是意象的精心选择和巧妙安排。全诗表情达意主要靠三个意象（新酒、火炉、暮雪）的组合来完成。"绿蚁新醅酒"，开门见山点出新酒，由于酒是新酿好的，未经过滤，酒面泛起酒渣泡沫，颜色微绿，细小如蚁，故称"绿蚁"。诗歌首句描绘家酒的新熟淡绿和浑浊粗糙，极易引发读者的联想，让读者犹如已经看到了那芳香扑鼻，甘甜可口的米酒。次句"红泥小火炉"，粗拙小巧的火炉朴素温馨，炉火正烧得通红，诗人围炉而坐，熊熊火光照亮了暮色降临的屋子，照亮了浮动着绿色泡沫的家酒。"红泥小火炉"对饮酒环境起到了渲染色彩、烘托气氛的作用。酒已经很诱人了，而炉火又增添了温暖的情调。诗一、二两句选用"家酒"和"小火炉"两个极具生发性和暗示性的意象，容易唤起读者对质朴地道的农村生活的情境联想。后面两句："晚来天欲雪，能饮一杯无？"在这样一个风寒雪飞的冬天里，在这样一个暮色苍茫的空闲时刻，邀请老朋友来饮酒叙旧，更体现出诗人那种浓浓的情谊。"雪"这一意象的安排勾勒出朋友相聚畅饮的背景，寒风瑟瑟，大雪飘飘，让人感到冷彻肌肤的凄寒，越是如此，就越能反衬出火炉的炽热和友情的珍贵。"家酒"、"小火炉"和"暮雪"三个意象分割开来，孤立地看，索然寡味，神韵了无，但是当这三个意象被白居易纳入这首充满诗意情境的整体组织结构中时，读者就会感受到一种不属于单个意象而决定于整体组织的气韵、境界和情味。寒冬腊月，暮色苍茫，风雪大作，家酒新熟，炉火已生，只待朋友早点到来，三个意象连缀起来构成一幅有声有色、有形有态、有情有意的图画，其间流溢出友情的融融暖意和人性的阵阵芳香。

　　其次是色彩的合理搭配。诗画相通贵在情意相契，诗人虽然不能像雕塑家、画家那样直观地再现色彩，但是可以通过富有创意的语言运用，唤起读者相应的联想和情绪体验。这首小诗在色彩的配置上是很有特色的，清新朴实，温热明丽，给读者一种身临其境、悦目怡神之感。诗首句"绿蚁"二字绘酒色摹酒状，酒色流香，令人啧啧称美，酒态活现让读者心向"目"往。次句中的"红"字犹如冬天里的一把火，温暖了人的身子，也温热了人的心窝。"火"字表现出炭火熊熊、光影跃动的情境，更是能够给寒冬里的人增加无限的热量。"红"、"绿"相映，色味兼香，气氛热烈，情调欢快。第三句中不用摹色词语，但"晚"、"雪"两字告诉读者黑色的夜幕已经降落，而纷纷扬扬的白雪即将到来。在风雪黑夜的无边背景下，小屋内的"绿"酒"红"炉和谐配置，异常醒目，也格外温暖。

最后是结尾问句的运用。"能饮一杯无"，轻言细语，问寒问暖，贴近心窝，溢满真情。用这样的口语入诗收尾，既增加了全诗的韵味，使其具有空灵摇曳之美，余音袅袅之妙；又创设情境，给读者留下无尽的想象空间。诗人既可能是特意准备新熟家酿来招待朋友的，也可能是偶尔借此驱赶孤居的冷寂凄凉；既可能是在风雪之夜想起了朋友的温暖，也可能是平日里朋友之间的常来常往。而这些，都留给读者去尽情想象了。

通览全诗，语浅情深，言短味长。白居易善于在生活中发现诗情，用心去提炼生活中的诗意，用诗歌去反映人性中的光辉，这正是此诗令读者动情之处。

江 雪

（唐）柳宗元

千山鸟飞绝，万径人踪灭。
孤舟蓑笠翁，独钓寒江雪。

【译文】 所有的山，飞鸟全都断绝；所有的路，不见人影踪迹。江上孤舟，渔翁披蓑戴笠；独自垂钓，不怕冰雪侵袭。

【赏析】

这是一幅江乡雪景图。山山是雪，路路皆白。飞鸟绝迹，人踪湮没。遐景苍茫，迩景孤冷。意境幽僻，情调凄寂。渔翁形象，精雕细琢，清晰明朗，完整突出。诗采用入声韵，韵促味永，刚劲有力。历代诗人无不交口称绝。千古丹青妙手，也争相以此为题，绘出不少动人的江天雪景图。

自京赴奉先咏怀五百字

（唐）杜甫

杜陵有布衣，老大意转拙。

许身一何愚！窃比稷与契。

居然成濩落，白首甘契阔。

盖棺事则已，此志常觊豁。

穷年忧黎元，叹息肠内热。

取笑同学翁，浩歌弥激烈。

非无江海志，潇洒送日月；

生逢尧舜君，不忍便永诀。

当今廊庙具，构厦岂云缺？

葵藿倾太阳，物性固莫夺。

顾惟蝼蚁辈，但自求其穴；

胡为慕大鲸，辄拟偃溟渤？

以兹悟生理，独耻事干谒。

兀兀遂至今，忍为尘埃没？

终愧巢与由，未能易其节。

沉饮聊自遣，放歌破愁绝。

岁暮百草零，疾风高冈裂。

天衢阴峥嵘，客子中夜发。

霜严衣带断，指直不能结。

凌晨过骊山，御榻在嵽嵲。

蚩尤塞寒空，蹴踏崖谷滑。

瑶池气郁律，羽林相摩戛。

君臣留欢娱，乐动殷胶葛。

赐浴皆长缨，与宴非短褐。

彤庭所分帛，本自寒女出。

鞭挞其夫家，聚敛贡城阙。

圣人筐篚恩，实欲邦国活。

臣如忽至理，君岂弃此物？

多士盈朝廷，仁者宜战栗！

况闻内金盘，尽在卫霍室。

中堂舞神仙，烟雾蒙玉质。

煖客貂鼠裘，悲管逐清瑟。

劝客驼蹄羹，霜橙压香橘。

朱门酒肉臭，路有冻死骨。

荣枯咫尺异，惆怅难再述。

北辕就泾渭，官渡又改辙。

群冰从西下，极目高崒兀。

疑是崆峒来，恐触天柱折。

河梁幸未坼，枝撑声窸窣。

行李相攀援，川广不可越。

老妻寄异县，十口隔风雪。

谁能久不顾？庶往共饥渴。

入门闻号咷，幼子饿已卒！

吾宁舍一哀，里巷亦呜咽。

所愧为人父，无食致夭折。

岂知秋禾登，贫窭有仓卒。

生常免租税，名不隶征伐。

抚迹犹酸辛，平人固骚屑。

默思失业徒，因念远戍卒。

忧端齐终南，澒洞不可掇。

【译文】

杜陵地方，有我这么个布衣，年纪越大，反而越发不合时宜。对自己的要求，多么愚蠢可笑，私自下了决心，要向稷契看齐。这种想法竟然不合实际，落得个到处碰壁，头都白了，却甘愿辛辛苦苦，不肯休息。有一天盖上棺材，这事便无法再提，只要还没有咽气，志向就不能转移。一年到头，都为老百姓发愁、叹息，想到他们的苦难，心里像火烧似的焦急。尽管惹得同辈的先生们冷嘲热讽，却更加激昂无比，引吭高歌，毫不泄气。

我何尝没有隐居的打算，在江海之间打发日子，岂不清高？只是碰上个像尧舜那样贤明的皇帝，不忍心轻易地丢下他，自己去逍遥。如今的朝廷上，有的是栋梁之材，要建造大厦，难道还缺少我这块料？可是连葵藿的叶子都朝着太阳，我这忠诚的天性，又怎能轻易改掉！

回头一想，那些蚂蚁般的小人，只为谋求舒适的小窝，整天钻营。我为什么要羡慕百丈长鲸，常想在大海里纵横驰骋？偏偏不肯去巴结权贵，因此便耽误了自己的营生。到现在还穷困潦倒，怎忍心埋没在灰尘之中？没有像许由、巢父那样飘然世外，实在惭愧，虽然惭愧，却不愿改变我的操行。还有什么办法呢？只好喝几杯酒排遣烦闷，作几首诗放声高唱，破除忧愤。

一年快完了，各种草木都已经凋零，狂风怒吼，像要把高山扫平。黑云像山一样压下来，大街上一片阴森，我这个孤零零的客子，半夜里离开京城。扑落满身寒霜，断了衣带，想结上它，指头儿却冻得僵硬。

天蒙蒙亮的时候，我走到骊山脚下，骊山高处，那里有皇帝的御榻。大雾迷漫，塞满寒冷的天空，我攀登结冰铺霜的山路，两步一滑。华清宫真好像王母的瑶池仙境，温泉里暖气蒸腾，羽林军密密麻麻。乐声大作，响彻辽阔的天宇，皇帝和大臣纵情娱乐，享不尽富贵荣华。

赐浴温泉的，都是些高冠长缨的贵人，参加宴会的，更不会有布衣麻鞋的百姓。达官显宦，都分到大量的绸帛，那些绸帛啊，都出自贫寒妇女的艰苦劳动。她们的丈夫和公公，被鞭打绳捆，一匹匹勒索，一车车运进京城。皇帝把绸帛分赏群臣，这个一筐，那个几笼，指望他们感恩图报，救国活民；臣子们如果忽略了皇帝的这番好意，那当皇帝的，岂不等于把财物白扔！朝廷里挤满了"济济英才"，稍有良心的，真应该怵目惊心！

更何况皇宫内的金盘宝器，听说都转移到国舅家的厅堂。神仙似的美人在堂上舞蹈，轻烟般的罗衣遮不住玉体的芳香。供客人保暖的，是貂鼠皮祆，朱弦、玉管，正演奏美妙的乐章，劝客人品尝的，是驼蹄羹汤，香橙、金橘，都来自遥远的南方。

那朱门里啊，富人家的酒肉飘散出诱人的香气，这大路上啊，冻饿死的穷人有谁去埋葬！相隔才几步，就是苦乐不同的两种世界，人间的不平事，使我悲愤填胸,不能再讲!

我折向北去的道路,赶到泾、渭河边。泾、渭合流处的渡口,又改了路线。河水冲激着巨大的冰块,波翻浪涌,放眼远望,像起伏的山岭,高接西天。我疑心这是崆峒山从水上漂来,怕要把天柱碰断!

河上的桥梁幸好还没有冲毁,桥柱子却吱吱呀呀,摇晃震颤。河面这么宽,谁能飞越!旅客们只好牵挽过桥,顾不得危险。

老婆和孩子寄居在奉先,无依无傍,漫天风雪,把一家人隔在两个地方。受冻挨饿的穷生活,我怎能长久不管?这一次去探望,就为了有难同当。

一进门就听见哭声酸楚,我那小儿子,已活活饿死!我怎能压抑住满腔悲痛,邻居们也呜呜咽咽,泪流不止!说不出内心里多么惭愧,做爸爸的人,竟然没本事养活孩子!谁能料到:今年的秋收还算不错,穷苦人家,却仍然弄不到饭吃!

我好歹是个官儿,享有特权:既不服兵役,又没有交租纳税的负担。还免不了这样悲惨的遭遇,那平民百姓的日子啊,就更加辛酸。想想失去土地的农民,已经是倾家荡产,又想想远守边防的士兵,还不是缺吃少穿。忧民忧国的情绪啊,千重万叠,高过终南,浩茫无际,又怎能收敛!

在杜甫的五言诗里,这是一首代表作。杜甫自京赴奉先县,是在755年(天宝十四年)的十月、十一月之间。这一年十月,唐玄宗携杨贵妃往骊山华清宫避寒,十一月,安禄山即举兵造反。杜甫途经骊山时,玄宗、贵妃正在大玩特玩,殊不知安禄山叛军已闹得不可开交。其时,安史之乱的消息还没有传到长安,然而诗人途中的见闻和感受,已经显示出社会动乱的端倪,所以诗中有"山雨欲来风满楼"的气氛,这显示出了诗人敏锐的观察力。

原诗五百字,可分为三大段。开头至"放歌破愁绝"为第一段。这一段千回百折,层层如剥蕉心,出语自然圆转。

杜甫旧宅在长安城南,所以自称杜陵布衣。"老大意转拙",如同俗语说"越活越回去了"。说"笨拙",是指诗人偏要去自比稷与契这两位虞舜的贤臣,志向过于迂阔，肯定是会失败的。濩落，即廓落，大而无当，空廓而无用之意。"居然成濩落"，意思是果然失败了。契阔，即辛苦。诗人明知一定要失败，却甘心辛勤到老。这六句是一层意思，诗人自嘲中带有幽愤，下边更逼进了一步。人虽已老了，却还没死，只要还未盖棺，就须努力，仍有志愿通达的一天，口气是非常坚决的。孟子说："禹思天下有溺者，犹己溺之也，稷思天下有饥者，犹己饥之也，是以若是其急也。"杜甫自比稷契，所以说"穷年忧黎元"，尽他自己的一生，与万民同哀乐，衷肠热烈如此，所以为同辈老先生们所笑。他却毫不在乎，只是格外慷慨悲歌。诗到这里总为一小段，下文便转了意思。

隐逸本为士大夫们所崇尚。杜甫说："我难道真的这样傻，不想潇洒山林，度过时光吗？无奈生逢尧舜之君，不忍走开罢了。"从这里又转出一层意思："生在尧舜一般的盛世，当然人才济济，难道少你一人不得吗？构造廊庙都是磐磐大才，不少我这样一人，我却要　　　。"诗人　这样　，说不　　　，只是一　气罢了，比　老　　转。君　乎天，　然，不过却也有一层意思须　的。诗人想："世人会不会　得自己过于热衷　，　走　？"所以　下　道：为人　　想的人，　　的　　自己的　他却　要　　的　，以　生都　　了。诗人虽有用世之心，　是　为于　，一　以　都是辛辛苦苦，没　。

下　又　。　文说"　逢尧舜君，不忍便　"，意思是："尧舜之世，　没有隐逸　世的，如　　　。　是　尚的君子，我虽自不如，却也不　我的　。"这　句一句一　。不　稷契，不　就　，又不忍　　　样出子　，只　诗。忧，歌　。诗　，　都　，其　是不得已而为之。诗　开到此，进　，尽　，诗人热烈的衷肠非常真　。

　段从"　　　""　难　"。这一段，用。六句　　，在　　一　之，　，　过山，　在　。"　"句的　有　，即用"　"的　，下说"　空"即是　。在这里，只　空，　。气　，林　如　，气万　，　出了真　的　。"君　难，乐　"句即居　歌　所说的"　，乐　"。说"君　"，　过，却　　一　到里　。　文所　"尧舜之君"，不过是诗人说说　，　世人　罢了。"　"句　了。一　一　都出于　之　，却用　的　。　然　，他们　为　力。　如果　了这道　，　就于　了。然而　大　却都是如此，诗人心中　本不静。"臣如忽至理，君岂弃此物"，句中"如"、"岂"两个虚词，一进一退，逼问有力。百姓已痛苦不堪，而朝廷之上却挤满了这班贪婪庸鄙、毫无心肝的家伙，国事的危险如同千钧一发，仁人的心应该是会战栗的。

"况闻"以下更进了一步。"闻"者虚拟之词，宫禁事秘，不敢说一定。不但文武百官如此，"中枢"、"大内"的情形也不会比他们好一些，或者还要更加厉害。诗人听说大内的奇珍异宝都已进了贵戚豪门，这应当是指杨国忠之流。"中堂"两句，写美人如玉，被烟雾般的轻纱笼着，暗指虢国夫人、杨玉环，这种攻击法，一步逼紧一步，离唐玄宗只隔一层薄纸了。

诗中不宜再尖锐地说下去，所以转入平铺。"煖客"以下四句两联，十字作对，称之为隔句对或者扇面对，调子相当地纡缓。因意味太严重了，不能不借藻色音声的曼妙渲染一番，稍稍冲淡。其实，纡缓中又暗蓄进逼之势。貂鼠裘、驼蹄羹、霜橙香橘，各种珍品尽情享受，酒肉凡品，不须爱惜。在这里，本来文势稍宽平了一点儿，诗人又紧接着大声疾呼："朱门酒肉臭，路有冻死骨。"一句也不肯放松，一笔也不肯落平。这是传诵千古的名句。表面上一往高歌，暗地里却结上启下，令读者不觉，《杜诗镜铨》里评价说"拍到路上无痕"，讲得很对。骊山宫装点得像仙界一般，而宫门之外即有路倒尸。咫尺之间，荣枯差别这样大，那也没有什么可说的了。诗人不能再说，亦无须再说了。在这儿打住，是很恰当的。

第三段从"北辕就泾渭"至末尾。全篇从诗人自己忧念家国说起，最后又以他自己的境遇联系时局作为总结。"咏怀"两字通贯全篇。

"群冰"以下八句，叙述路上情形。首句有"群冰"、"群水"的异文。仇兆鳌注："群水或作群冰，非。此时正冬，冰凌未解也。"这一说法不妥，这首诗大约作于十月下旬，不必拘泥于隆冬时节。作群冰，诗意自惬。虽然冬天很寒冷，但高处的水流湍急，水还没有冻结。下文"高崒兀"、"声窸窣"，作"冰"更好。这八句，句句写实，只有"疑是崆峒来，恐触天柱折"两句，用共工氏怒触不周山的典故，暗示时势的严重。

接着写到家并抒发感慨。一进门，就听见家人在号啕大哭，这是非常戏剧化的。"幼子饿已卒"，"无食致夭折"，景况是凄惨的。"吾宁舍一哀"，用《礼记·檀弓》记孔子的话："遇于一哀而出涕，予恶夫涕之无从也。""舍"字有割舍放弃的意思，这里的意思是："我能够勉强达观自遣，但邻里且为之呜咽，况做父亲的人让儿子生生的饿死，岂不惭愧。时节过了秋收，粮食原不该缺乏，穷人可还不免有仓皇挨饿的。像自己这样，总算很苦的了。"诗人当时不一定非常困苦，因为他大小总是个官儿，照例可以免租税和兵役的，但他尚且狼狈得如此，那么一般平民扰乱不安的情况，就要远远胜过他了。弱者填沟壑，强者想造反，都是一定的。诗人想起世上有很多失业之徒，久役不归的兵士，那些武行脚色已都扎扮好了，只等上场锣响，便要真杀真砍，大乱的来临已迫在眉睫，他的忧愁从中而来，不可断绝，犹如与终南山齐高，与大海一样茫茫无际。表面看来，似乎穷人发痴，痴人说梦，但实际上过不了多久，安史之乱一爆发，渔阳鼙鼓就揭天而来了，这也正体现了诗人的真知灼见。

这一段文字仿佛闲叙家常，不很用力，却自然而然地于不知不觉中已总结了全诗，极其神妙。结尾最难，必须结束得住，方才是一篇完整的诗。诗人的思想方式无非是"推己及人"，并没有什么神秘。他结合自己的生活，推想到社会群体；从万民的哀乐，来推定一国的兴衰，句句都是真知灼见，都会应验的。以作品内容而论，杜甫的诗是一代史诗，即使是论事，他的诗也是可以供千秋万代的后世加以借鉴的。

地球冬天真冷，在这个季节里，恐怕没有什么植物还能生长吧？

也有的，王安石曾有一首诗便说到"墙角数枝梅，凌寒独自开"。

是说梅花吗？

梅花，在古代又称"报春花"，古之"四君子"之一。中国人视梅为吉祥物，以为吉庆的象征。梅有"四德"之说："梅具四德，初生为元，开花如亨，结子为利，成熟为贞。"又说梅五瓣，象征五福，即快乐、幸福、长寿、顺利与和平。旧时春联有"梅开五福，竹报三多"。梅在冬春之交开花，耐寒开放，"独天下而春"，是传春报喜的象征。梅又以"清雅俊逸"、"冰肌玉骨"、"凌寒留香"而被喻为民族精华，为世人敬重。

梅 花

（宋）王安石

墙角数枝梅，凌寒独自开。
遥知不是雪，为有暗香来。

【译文】

　　墙角的几枝梅花，在严寒中独自绽放着。远远的，就知道它并非雪落枝头，那是因为有阵阵芳香隐隐飘来。

【赏析】

　　这首诗通过写梅花，在严寒中怒放、洁白无瑕，赞美了梅花高贵的品德和顽强的生命力。

　　《梅花》中以"墙角"两字点出环境，极其鲜明，极具意境。墙角显得特别冷清，看似空间狭小，其实作者以墙角为中心，展开了无限的空间，正是空阔处在角落外，见角落便想到空阔。"数枝"与"墙角"搭配极为自然，显出了梅的清瘦，又自然而然地想到这"数枝梅"的姿态。"凌寒"两字更是渲染了一种特别的气氛，寒风没模糊掉想象中的视线，反而把想象中的模糊赶跑了，带来了冬天的潭水般的清澈。所以，不管它是曲梅还是直梅，读者总会觉得脑海中有一幅有数枝定型的梅的清晰的画。"独自开"三字就如一剑劈出分水岭般巧妙地将梅的小天地与外界隔开了，梅的卓然独"横"（梅枝不"立"），梅的清纯雅洁的形象便飘然而至。"遥知不是雪"，雪花与梅花——自然界的一对"黄金搭档"，两者相映生辉，相似相融，似乎是一体的。而作者明确"看出""不是"，并且是"遥知"。为什么？"为有暗香来"。"暗香"无色，却为画面上了一片朦胧的色彩。清晰与朦胧交错，就像雪中闪烁着一个空洞，造成忽隐忽现的动感。也像飘来一缕轻烟，波浪式的前进，横拦在梅枝前。作者用零星的笔墨层层展开意境，几笔实写提起无限虚景，梅之精神也被表达得淋漓尽致，给人以身临其境之感。

王安石（1021年—1086年），北宋临川人（今江西省东乡县上池村人），字介甫，号半山，世称临川先生。北宋杰出的政治家、思想家、文学家、改革家，唐宋八大家之一。在文学中具有突出成就。他一生写了不少深刻反映人民疾苦和社会问题的作品。其诗"学杜得其瘦硬"，擅长于说理与修辞，善于用典故，有的风格遒劲有力，精辟精绝，有的风格雄健峭拔，修辞凝练，也有情韵深婉的作品，对后来宋诗的发展有很大影响。著有《临川先生文集》。他出生在一个小官吏家庭。父名益，字损之，曾为临江军判官，一生在南北各地做了几任州县官。王安石少好读书，记忆力强，受到较好的教育。庆历二年（1042年）登杨寘榜进士第四名，先后任淮南判官、鄞县知县、舒州通判、常州知州、提点江东刑狱等地方的官吏。治平四年（1067年）神宗初即位，诏安石知江宁府，旋召为翰林学士。熙宁二年（1069年）提为参知政事，从熙宁三年起，两度任同中书门下平章事，推行新法。熙宁九年罢相后，隐居，病死于江宁（今江苏南京市）钟山，谥号"文"，又称王文公。其政治变法对北宋后期社会经济具有很深的影响，已具备近代变革的特点，被列宁誉为是"中国十一世纪伟大的改革家"。与"韩愈、柳宗元、欧阳修、苏洵、苏轼、苏辙、曾巩"，并称为"唐宋八大家"。

梅

（宋）王 淇

不受尘埃半点侵，竹篱茅舍自甘心。

只因误识林和靖，惹得诗人说到今。

【译文】 高洁的梅花，不受尘埃半点侵蚀，甘心淡泊地生长在竹篱边、茅舍旁。只因错误地认识了酷爱梅花的林和靖，惹得诗人谈笑至今。

【赏析】 这首诗写出了作者甘愿以竹篱茅舍为居的坦然胸怀，抒发了作者渴望追求真理，追求宁静淡泊生活的向往，作者不愿奉承恶势力不与恶势力同流合污的崇高品质。

通篇没有一个字写梅的，但无处不觉得是写梅，因为梅花自古是不与其他花为伍，有一种高洁的品格，傲雪而开，不与别的同流合污体现了一种恬淡静虚的追求！

早　梅

（唐）柳宗元

早梅发高树，迥映楚天碧。朔风飘夜香，繁霜滋晓白。
欲为万里赠，杳杳山水隔。寒英坐销落，何用慰远客。

【译文】
腊梅在高高的树上早早地绽放，花朵儿映着碧蓝的南国天空。夜晚北风吹来缕缕清香，清晨严霜滋润花朵洁白的华容。想将花儿赠给万里外的亲友，路途遥远重重山水阻隔。寒风中花朵就要凋落，又能用什么来抚慰远客？

【赏析】
梅花傲霜雪斗严寒，历来是诗人歌咏的对象，且多以梅自喻，表达作者的情趣。柳宗元也正是这样，在《早梅》诗中借对梅花在严霜寒风中早早开放的风姿的描写，表现了自己孤傲高洁的品格和不屈不挠的斗争精神。

　　全诗分前后两层意思，前四句咏物，后四句抒怀。"早梅发高树，迥映楚天碧。"起笔不凡，笔势突兀。早梅与别的花卉不同，在万物沉寂的寒冬绽开了花蕾，"众花摇落独暄妍"（林逋《山园小梅》）。一个"发"字把早梅昂首怒放生机盎然的形象逼真地展现在读者的眼前。其背景高远广阔的碧蓝的天空，不仅映衬着梅花的色泽，更突出了它的雅洁，不同凡俗。而"发高树"的"高"字借实写虚，暗寓诗人不苟合流俗行高于时人。"朔风飘夜香，繁霜滋晓白"紧承开头两句写梅花开放的恶劣环境，表现梅花不同凡花的风骨。这两句诗与陆游《落梅》绝句里的"雪虐风饕愈凛然，花中气节最高坚"意同，都赞颂了梅花傲视霜雪的不屈品格。早梅所处环境的"朔吹"、"繁霜"实际上正是柳宗元遭遇的政治环境的缩影。"永贞革新"失败后，柳宗元被贬到边远落后的南荒之地，过着囚徒般的日子，身心受到严重的摧残。面对腐朽势力连连不断的打击，始终坚持自己的理想，怀抱坚定的自信，他表示："苟守先圣之道，由大中以出，虽万受摈弃，不更乎其内。"（《答周君巢饵药久寿书》）

作者目睹可歌可敬的梅花想起了远方的亲友，于是借物抒怀："欲为万里赠，杳杳山水隔，寒英坐销落，何用慰远客？"前两句由陆凯赠范晔诗"折梅逢驿吏，寄与陇头人。江南无所有，聊赠一枝春"翻出，但意致不同。陆凯的诗洒脱，柳宗元的诗沉郁，这是因为柳宗元作诗的情境与陆凯不同。柳宗元被贬永州后，"罪谤交织，群疑当道"，"故旧大臣"已不敢和他通音讯，在寂寞和孤独中艰难度日的柳宗元是多么思念亲友们啊！于是想到折梅相送，可亲友们远在万里之外，是根本无法送到的。这里除了地理上的原因外，还有政治上的原因，他作为一个"羁囚"不能连累了亲友，更何况"寒英坐销落，何用慰远客？"柳宗元从梅的早开早落联想到自己的身世，自己的境遇，怎么不忧，怎么不心急如焚呢？正因为忧其早开早落，所以柳宗元也是在自我勉励，自我鞭策。事实上在永州虽然被迫离开了政治舞台，但他自强不息，把"闲居"的时间用在访求图书，认真研读和对自己前半生实践的总结上，奋笔疾书，在理论上做出了重大建树，在文学上取得了光辉成就。这就是他对亲友的告慰。"欲为万里赠"四句诗表达的思想感情是很复杂的，既有对亲友的思念，也有对自身遭遇的不平和"辅时及物"的理想不能实现的痛苦。

　　　　　　　柳宗元（773年—819年），唐代文学家、哲学家和政治家，唐宋八大家之一。字子厚。祖籍河东（今山西永济）。出生于京都长安（今陕西西安）。与韩愈共同倡导唐代古文运动，并称"韩柳"。与刘禹锡并称"刘柳"。王维、孟浩然、韦应物与之并称"王孟韦柳"。世称柳河东或柳柳州。少有才名，早有大志。贞元间中进士，登博学鸿词科，授集贤殿正字。一度为蓝田尉，后入朝为官，积极参与王叔文集团政治革新，迁礼部员外郎。革新失败后贬邵州刺史，再贬永州司马。后回京师，又出为柳州刺史，政绩卓著。卒于柳州任所。一生留诗文作品达600余篇，其文成就大于诗。其作品由刘禹锡保存并编成集。有《柳河东集》。

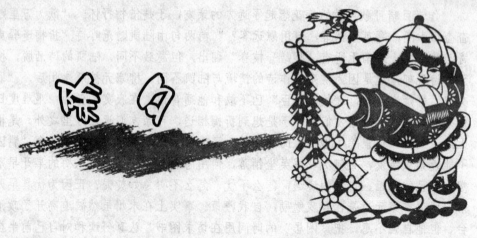

噼里啪啦、砰砰……

酷卡:"龙儿,快救我,这是什么声音,星球大战要爆发了吗?"

龙儿:"哈哈,你太有趣了,这不是星球大战要爆发了,而是除夕夜到了,人们在放鞭炮呢!"

酷卡:"除夕?"

龙儿:"是啊,今天是中国农历一年中最后一天的晚上了,叫做除夕。即春节的前一晚,因常在夏历腊月三十或二十九,故又称该日为年三十。在除夕人们往往通宵不眠,叫守岁,家里家外不但要打扫得干干净净,还要贴门神、贴春联、贴年画、挂门笼,人们要换上带喜庆色彩和带图案的新衣。"

　　除夕,来源于一个古老的传说——

　　话说古代有一只四角四足的恶兽——夕,因冬季大雪覆盖短缺了食物,常到附近的村庄里去找吃的,因其身体庞大、脾气暴躁、凶猛异常,给村民带来了很大的灾难。每到腊月底,人们都整理衣物扶老携幼,到附近的竹林里躲避夕。

　　这一年,村里的人们在收拾东西逃走的路途中遇到一位年纪约七八岁的孩子,饿倒在路旁。有位好心的老婆婆将孩子救醒,并要这孩子一起上山躲避恶兽——夕,这个聪明的孩子便与老婆婆一起跟着村子里的人来到了村后的竹林里。由于冬季在竹林里寒气逼人,大家冷得纷纷伐竹盖房、烧火取暖。这个被老婆婆救来的孩子就好奇地问大家:我们这竹林离村子那么近,就不怕"夕"会来到这里吗?有位老人回答他说:"我年幼的时候就随乡亲们来这里躲避'夕',雪很大的那几年因为它饿极了也追来过,可是它每次看到乡亲们在这竹林里伐竹就匆匆忙忙地走了。"这个孩子想了想告诉大家："我有办法除掉'夕'，让大家从今以后不用每到腊月里就出来逃难。"大家听后都非常高兴，纷纷问该怎么办。这个聪明的孩子告诉大家：多砍一些竹节带着，今夜全村人都可以回家！在你们各家的门外挂一块红布，就好了，等到明天天亮之后"夕"就再也不会来了。乡亲们半信半疑地听着这个孩子的话，由村里的老者带着各自回了自己的家。

很快入夜了，村民们由于害怕"夕"会来没有人敢睡觉，除都在自家的门外悬挂了红布条之外，就来到村中间的空地上，守着一些从竹林里带回来的一些碎的竹节。天气寒冷大家点了火堆取暖，饿了就拿些吃的出来……子夜，便听到一声震天的巨吼，大家恐惧地缩做一团。这时那个聪明的孩子突然间站出来告诉大家说："我去把他引来，然后大家就往火堆里扔我们守了一夜的碎竹节。"

还没等好心的老婆婆伸手去拽，这个孩子已经来到了村口，孩子看到夕正在往村里硬闯，破坏了很多东西，于是他大声的叫道："你每年都来，害得百姓不能安居乐业，今天我一定要给你点厉害！！""夕"听到孩子的叫声，便循着声音追过来，可是它看到家家门墙都挂着红红的布条就没敢进，于是顺着孩子的声音忍着挨饿的肚皮来到了村中央的空地。这时孩子大声地说："乡亲们，往火里扔碎竹节啊！"可是大家因为害怕早已经站在那里僵住了，这个瞬间，"夕"用他的角把孩子挑了起来重重地甩在了地上。村民们听到孩子落地的声音反应过来，纷纷往火里扔起了竹节。由于砍伐不久，湿湿的

竹节遇到旺火纷纷爆裂，噼里啪啦地响了起来！"夕"听到这响声掉头鼠窜，没有再损坏村里的东西。

天亮起来了，"夕"被人们扔到火里的竹节爆裂时发出的声音吓跑了，因为住户家门前挂的红条，"夕"没有敢进屋，所以保住了大家的性命。可是人们心中却高兴不起来。因为那个救了这个村庄的聪明的孩子被"夕"挑死了。而这一天就是正月初一。这个聪明的孩子，他的名

字就叫做"年"。

因为"夕"没有死，所以每年的腊月三十，大家都守着碎竹节等待着，希望早日除掉"夕"。可是一年年过去了，谁也没有再见过"夕"，有的只是大家为防止"夕"的到来燃放的爆竹与门前挂的红布条。从此，腊月三十的夜里，大家齐聚一堂吃着年夜饭，一起守岁等待除夕的钟声。放爆竹，贴门联。等到天亮彼此走访邻里给予问候与祝福。初一早上乡亲们彼此走访看看相邻有没有受伤说一些吉祥客气的话。希望来年的腊月"夕"不再来。

龙儿："如今我们过年的很多俗语与习惯都来源于这个传说：'年初一'，是人们为了让自己的后代子孙记得这个救了整个村子的孩子——年，就把天明后的早晨就叫年。又是正月初一，所以又叫大年初一。'守岁'是大家守着碎竹节等待的过程。守岁就是守着碎竹片的简称。'除夕'是腊月三十大家守着碎竹节等'夕'的这一夜。'红布'就是如今的春联。而除夕夜里大家饿了，拿东西出来吃则演变成了我们齐聚一堂欢声笑语的年夜饭。

到了现在，除夕之夜我们会全家人在一起吃'团圆饭'，吃团圆饭时，桌上的'鱼'是不能动的，因为这鱼代表'富裕'和'年年有余'，象征来年的'财富与幸运'，它属于一种装饰，是碰不得的。如果在中国的贵州，桌上的鱼可以吃一些，但要剩下一些，寓意'年年有余'。"

酷卡："那今天晚上我们可以吃团圆饭，一起守岁吗？"

龙儿："当然，与我们做伴的是声声爆竹、欢声笑语还有历代文人关于除夕夜的唱和……"

守 岁

（宋）苏 轼

欲知垂尽岁，有似赴壑蛇。

修鳞半已没，去意谁能遮。

况欲系其尾，虽勤知奈何。

儿童强不睡，相守夜欢哗。

晨鸡且勿唱，更鼓畏添挝。

坐久灯烬落，起看北斗斜。

明年岂无年，心事恐蹉跎。

努力尽今夕，少年犹可夸。

守岁，就是在旧年的最后一天夜里不睡觉，熬夜迎接新一年到来的习俗，也叫除夕守岁，俗名"熬年"。

【注释】

儿童坚持不睡觉，守夜到零点热闹无比，早上公鸡请不要打鸣，敲更鼓报时害怕时光流逝，我坐到灯芯燃完了，起身看北斗星快要落下（斜），想想明年怎么会没有事做呢？心里真害怕虚度光阴（蹉跎）！从今晚努力吧，少年尤其可以炫耀（他们的时光充裕啊）！

【译文】

《守岁》是宋代大诗人苏轼作的《岁晚三首》之一，诗意明白易懂，旨在勉励自己惜时如金。作者用形象的蛇蜕皮喻时间不可留，暗示要自始至终抓紧时间做事，免得时间过半，虽勤也难补于事。努力应从今日始，不要让志向抱负付诸东流。

【赏析】

除 夜

（宋）文天祥

乾坤空落落，岁月去堂堂。末路惊风雨，穷边饱雪霜。

命随年欲尽，身与世俱忘。无复屠苏梦，挑灯夜未央。

【赏析】 此诗作于元朝至元十八年，即公元1281年，是文天祥平生度过的最后一个除夕夜。这一首诗，诗句冲淡、平和，没有"天地有正气"的豪迈，没有"留取丹心照汗青"的慷慨，只表现出大英雄欲与家人共聚一堂欢饮屠苏酒过元旦的愿望，甚至字里行间中透露出一丝寂寞、悲怆的情绪。恰恰是在丹心如铁男儿这一柔情的刹那，反衬出勃勃钢铁意志之下人的肉身的真实性，这种因亲情牵扯萌发的"脆弱"，更让我们深刻体味了伟大的人性和铮铮男儿的不朽人格。

除夜[1]作

（唐）高 适

旅馆寒灯独不眠，客心何事转凄然[2]。

故乡今夜思千里，霜鬓[3]明朝又一年。

【注释】

〔1〕除夜：即旧历除夕。
〔2〕凄然：凄凉，悲伤。
〔3〕霜鬓：两鬓白如霜。

【译文】

我独自在旅馆里躺着，寒冷的灯光照着我，久久难以入眠。是什么事情，让我这个游客的心里变得凄凉悲伤？除夕之夜，故乡的亲人定是在想念着千里之外的我；我的鬓发已经变得斑白，到了明天又是新的一年。

【赏析】

除夕之夜，传统的习惯是一家欢聚，本应唤起作者对这个传统佳节的美好记忆，然而这首诗中的除夕夜却是另一种情景。诗的开头写的是一个除夕之夜，诗人眼看着外面家家户户灯火通明，欢聚一堂，而他却远离家人，身居客舍。两相对照，诗人触景生情，连眼前那盏同样有着光和热的灯，也变得"寒"气袭人了。在除夕之夜，作者单身一人的孤苦，对千里之外故乡亲人的思念，以及对时光流逝之快的感叹。

诗中一二句，诗人似乎要倾吐他此刻的心绪了，可是，他却又撇开自己，从远方的故乡写来："故乡今夜思千里。"意思是说："故乡的亲人在这个除夕之夜定是在想念着千里之外的我，想着我今夜不知落在何处，想着我一个人如何度过今晚。"其实，这也正是"千里思故乡"的一种表现。"霜鬓明朝又一年"，"今夜"是除夕，所以明朝又是一年了，由旧的一年又将"思"到新的一年，这漫漫无边的思念之苦，又要为诗人增添新的白发。

酷卡："很感伤的一首诗。我知道了许多中国的文学作品！"

龙儿："刚才你说你知道了中国不少文学作品，我来考考你，能说出中国的一部元杂剧吗？"

酷卡："元杂剧？这……还真说不上来，好龙儿，快告诉我吧！"

龙儿："酷卡，中国文化浩若烟海，又岂是你一时半会能全部了解的。就好像我们已经读过的文学作品，不过是传统文化宝库中小小的一部分。"

酷卡："我当然知道，中国是世界四大文明古国之一，五千年的灿烂文明任谁也未及项背，我就要走了，可是，我希望能再多学习一些，这些对于我，都是最美的记忆。"

龙儿："瞧你那急样，谁说不告诉你了，仔细听好了——"

元杂剧又称北杂剧。形成于宋末，繁盛于元大德年间（13世纪后半期至14世纪）。主要代表作家有关汉卿、王实甫、马致远、白朴等。主要代表作有《窦娥冤》、《汉宫秋》、《西厢记》等。其内容主要以揭露社会黑暗，反映人民疾苦为主，现实主义与浪漫主义相结合，主线明确，人物鲜明。其结构上最显著的特色是，四折一楔子和"一人主唱"。"四折一楔子"是元杂剧最常见的剧本结构形式，合为一本，每个剧本一般由四折戏组成，有时再加一个楔子。所谓的"折"相当于现在的"幕"，是音乐组织的单元，也是全剧矛盾冲突的自然段落；四折即是开端、发展、高潮、结尾四个阶段。"一人主唱"指男主角或女主角唱，主唱的脚色不是正末，就是正旦，正旦主唱称旦本。

窦娥冤

（元）关汉卿

摘录：

（唱二黄散板）

忽听得唤窦娥愁锁眉上，想起了老婆婆好不凄凉。只见她发了怒有话难讲，禁妈妈呼唤我所为哪桩？……我哭哭一声禁妈妈，我叫叫一声禁大娘，想窦娥遭了这不白冤枉，家有银钱尽花光，哪有余钱来奉上？望求妈妈你、你、你行善良。

（唱二黄慢板）

未开言思往事心中惆怅，禁大娘你容我表叙衷肠。实可恨张驴儿良心昧丧，买羊肚要害婆婆一命身亡。害人者反害己徒劳妄想，他的父吃羊肚霎时断肠。狗奸贼逞强暴出言无状，他把我老婆婆扭到公堂。不招认实难受无情棍棒，为此事替婆婆认罪承当。

（唱二黄导板）

一口饭噎得我险些命丧，（接唱散板）谢上苍恩赐我重见老娘。（唱快三眼）老婆婆你不必宽心话讲，媳妇我顷刻间命丧云阳：永不能奉甘旨承欢堂上，永不能与婆婆熬药煎汤；心儿内实难舍父母思养，要相逢除非是大梦一场。

【赏析】　《窦娥冤》全称《感天动地窦娥冤》，是元朝关汉卿的杂剧代表作。写窦娥被无赖诬陷，又被官府错判斩刑的冤屈故事。全剧四折一楔子。剧情是：楚州贫儒窦天章因无钱进京赶考，无奈之下将幼女窦娥卖给蔡婆家为童养媳。窦娥婚后丈夫去世，婆媳相依为命。蔡婆外出讨债时遇到流氓张驴儿父子，被其胁迫。张驴儿企图霸占窦娥，见她不从便想毒死蔡婆以要挟窦娥，不料误毙其父。张驴儿诬告窦娥杀人，官府严刑逼讯婆媳二人，窦娥为救蔡婆自认杀人，被判斩刑。窦娥在临刑之时指天为誓，死后将血溅白绫、六月降雪、大旱三年，以明己冤，后来果然都应验。三年后窦天章任廉访使至楚州，见窦娥鬼魂出现，于是重审此案，为窦娥申冤。

《窦娥冤》是关汉卿的代表作，也是我国古代悲剧的代表作。它的故事源于《列女传》中的《东海孝妇》。但关汉卿并没有局限在这个传统故事里，去歌颂为东海孝妇平反冤狱的于公的阴德；而是紧紧扣住当时的社会现实，用这段故事，真实而深刻地反映了元蒙统治下中国社会极端黑暗、极端残酷、极端混乱的悲剧时代，表现了中国人民坚强不屈的斗争精神和争取独立生存的强烈要求。它成功地塑造了"窦娥"这个悲剧主人公形象，使其成为元代被压迫、被剥削、被损害的妇女的代表，成为元代社会底层善良、坚强而走向反抗的妇女的典型。

《窦娥冤》全剧为四折一楔子，摘录部分是全剧矛盾冲突的高潮部分，写窦娥被押赴刑场杀害的悲惨情景，揭露了元代吏治的腐败残酷，反映了当时的社会黑暗，歌颂了窦娥的善良心灵和反抗精神。作品在艺术上，体现出现实主义与浪漫主义风格的融合。作品用丰富的想象和大胆的夸张，设计超现实的情节，显示出正义的强大力量，寄托了作者鲜明的爱憎，反映了广大人民伸张正义、惩治邪恶的愿望。

　　关汉卿，号已斋叟，金末元初大都（现在北京市）人，元代杂剧的代表作家，与郑光祖、白朴、马致远一同被称为"元曲四大家"，并居"元曲四大家"之首。生卒年不详。他一生"不屑仕进"（[元]朱经《青楼集·序》），生活在底层人民中间。他是当时杂剧界的领袖人物，与当时许多戏曲作家、杂剧演员有着密切联系。他是一位熟悉舞台艺术的戏曲家，既是编剧，又能登台演出。关汉卿在《南吕·一枝花·不伏老》中自述"通五音六律滑熟"，"我也会吟诗，会篆籀，会弹丝，会品竹。我也会唱鹧鸪，舞垂手，会打围，会蹴鞠，会围棋，会双陆"，"我是个蒸不烂、煮不熟、捶不扁、炒不爆、响当当一粒铜豌豆"，可见他的才艺、生活和个性。所作杂剧六十余种，今存十八种；所作套曲十余套，小令五十余首。他的戏曲作品题材广泛，大多暴露了封建统治的黑暗腐败，表现了古代人民特别是青年妇女的苦难遭遇和反抗斗争，人物性格鲜明，结构完整，情节生动，语言本色而精练，对元杂剧和后来戏曲的发展有很大影响。

　　酷卡："哇……"

　　龙儿："怎样，精彩吧，中国文学，就是一部漫长而辉煌的历史，就是一片盛开异卉奇葩的艺术苑圃，就是一座语言文字砌成的美丽宫殿，她搏动着一个伟大民族丰富而深邃的灵魂，五千年古国盛衰兴亡的风云在其中舒卷……"

　　酷卡："龙儿，这次时间太仓促了，我仅仅随着季节变迁，粗粗地感受了中国文化的魅力，相信我，一定还会再来的，到时候，你们可要陪我到中国的每一个地方呀！"

结尾 重返银河

酷卡：“明年岂无年，心事恐蹉跎……明年？”

龙儿：“酷卡，怎么了，这样伤感？”

酷卡：“龙儿、莲朵，你们看，从春到夏、到秋、到冬，再到春，不知不觉我，我在中国已经一年了，今天是除夕，过了今天，我也该回家了……”

谢谢你们陪伴我走过四季，让我感受到最真挚的友情，感受到华夏土地的壮美多姿，让我感受到中国文化的缤纷美丽。在中国一年，我知道了中国的诗词、歌赋，还有小说……好多丰富形式的文学作品。

龙儿："酷卡……"

龙儿："再见……"

酷卡："龙儿，等等，我还没……"

一切仿佛还在梦中，"龙儿，别走，等等我，龙儿……"

可眼前除了雾茫茫的一片，什么也没有，只能依稀看到银河图书馆的外屏。

"出来了？"

酷卡呆呆地站在屏幕前，不敢相信自己就这样离开了中国，离开了这个古老又温暖的国度，离开了可爱的龙儿和莲朵。

突然……

酷卡感觉自己手心里仿佛握着什么……

"呀，莲朵，你真的在我身边，龙儿真的把你送给我了，莲朵……"

玉石静静地停留着，没有发出声响。

莲朵……

望着手心里这块碧绿无瑕的美玉，酷卡难过却欣喜着……

他知道他在中国的缘分并没有结束，他和中国的缘分才刚刚开始，就好像莲朵会一直陪伴着他一样，中国文化也会慢慢地、静静地滋润他的心灵，总有一天，莲朵还会带着他回到中国，和龙儿一起飞翔在最温润美丽的天空。

望着舱外幽蓝的太空……

酷卡相信，这一天一定会来的……